FACULTÉ DE DROIT DE PARIS.

Thèse

POUR LE DOCTORAT.

L'Acte public sur les matières ci-après sera soutenu, le mardi 23 mai 1854, à une heure,

Par EUGÈNE-PAUL DAUFRESNE,

AVOCAT.

Président : M. PERREYRE, Professeur.

Suffragants : MM. PELLAT, VALETTE, COLMET-DAAGE, Professeurs.

BATAUD, Suppléant.

Le Candidat répondra en outre aux questions qui lui seront faites sur les autres matières de l'enseignement.

PARIS.

VINCHON, FILS ET SUCCESSEUR DE Mme Ve BALLARD,

Imprimeur de la Faculté de Droit,

RUE J.-J. ROUSSEAU, 8.

—

1854.

A MON PÈRE, A MA MÈRE

A MES FRÈRES.

SOMMAIRE.

INTRODUCTION.

PREMIÈRE PARTIE.

DE LA CAUSE EN DROIT ROMAIN.

CHAPITRE Ier.

CHAPITRE II.

DE L'ABSENCE DE CAUSE.

SECTION Ire.

De l'absence de cause dans les actes juridiques à titre gratuit.

SECTION II.

De l'absence de cause dans les actes juridiques à titre onéreux.

CHAPITRE III.

CHAPITRE IV.

SANCTION DES RÈGLES SUR LA CAUSE.

SECTION Ire.

INTRODUCTION.

1. Cette dissertation, consacrée au développement de la théorie de la cause juridique en droit romain et en droit français, nous a paru devoir être précédée de quelques observations sur les différents sens du mot *cause*, préliminaires indispensables pour bien fixer les limites de notre matière, et pour mieux préciser la nature propre de la cause dans le droit privé. Cela posé, nous essaierons de résumer rapidement les applications diverses que cette idée de cause semble avoir subies, aux différentes phases de la législation romaine, avant d'apparaître avec le caractère distinctif qui lui appartient définitivement aujourd'hui sous l'empire du Code Napoléon. Notre introduction sera terminée par l'indication du plan que nous avons adopté.

§ 1er. — Des divers sens du mot *cause* en général.

2. Loin de nous la pensée de tenter ici une longue excursion dans le domaine de la philosophie; bornons-nous à ce qu'exige impérieusement un exposé quelque peu exact des principales acceptions du mot *cause*.

Ce qui constitue la difficulté, ou plutôt l'impossibilité d'une définition de l'*idée de cause*, prise à son point de vue le plus élevé, c'est qu'elle se trouve précisément au nombre de ces notions premières, de ces formes de l'entendement humain, telles que les idées de l'*être*, de l'*infini*, de l'*espace* et du *temps*, sans lesquelles l'exercice même de l'intelligence nous paraît impossible. Il faut reconnaître avec Platon, Descartes, Leibnitz, Kant et Maine de Biran, que tout phénomène du monde intérieur, perçu par la conscience, révèle, à l'occasion d'un sentiment ou d'une sensation, l'application première de la notion de cause, que la raison rapporte, suivant les cas, soit au non-moi, soit au moi réagissant sur lui-même ou sur le monde extérieur ; dans l'un et l'autre cas, la cause est conçue fatalement à l'occasion du phénomène qui commence, comme une force qui le précède et lui donne naissance.

3. Telle est l'idée de *cause efficiente ;* et la reproduction constante de cette croyance irrésistible constitue le *principe de causalité,* c'est-à-dire la loi de l'intelligence humaine en vertu de laquelle nous assignons nécessairement une cause à tout phénomène qui commence.

4. Si maintenant on considère spécialement les modes que nous attribuons à notre activité propre, on reconnaît que l'homme, après avoir agi d'abord sous l'empire de tendances instinctives, prend possession de son pouvoir personnel ; à mesure que son intelligence se développe, il acquiert la conscience et l'usage de la direction volontaire de ses facultés, il agit librement ; et c'est ce caractère de personnalité, libre et intelligente, qui le distingue essentiellement des autres êtres animés, en constituant sa *moralité.*

Or, dans tout acte libre se retrouvent les éléments suivants : 1° conception de l'acte comme possible, et des motifs ou buts qui sollicitent l'activité ; 2° délibération de l'intelligence ; 3° détermination qui entraîne la volonté.

5. Et toutes les fois qu'un motif peut être regardé comme ayant été choisi librement comme but principal et direct de l'acte, comme ayant déterminé la volonté d'un être libre, ce motif prend le nom de *cause finale.*

6. Enfin, on applique le nom générique de *causes occasionnelles* d'un phénomène, aux différentes circonstances qui, dans le temps et dans l'espace, concourent à le faire naître, mais moins efficacement et directement que la cause que nous avons appelée efficiente.

7. On pourrait encore multiplier les différentes acceptions du mot cause, comme nous le verrons au paragraphe suivant, en parlant des interprètes modernes du droit romain appartenant à l'école de Ramus ; mais les trois sens indiqués sont ceux dont l'application paraît *à priori* devoir se présenter le plus fréquemment dans la science du droit ; c'est donc à eux qu'il faut s'attacher.

8. En effet, la science du droit, *sensu lato*, consiste essentiellement à diriger les actions humaines par la raison, éclairée par l'expérience, en lui fournissant les moyens de distinguer le juste de l'injuste. A cet effet, le droit positif déterminateur établit des règles que le droit sanctionnateur maintient par l'intervention de la puissance publique. La loi indique les faits qui sont les sources ou *causes efficientes* de l'acquisition des droits positifs ou de leur extinction. Tantôt c'est la loi elle-même, dans un but que le législateur se propose, qui crée des facultés légales à l'occasion de certains faits; tantôt elle n'intervient que pour sanctionner la dernière volonté de l'homme, ou la volonté librement échangée avec celle d'un autre homme, c'est-à-dire la convention : dans ces deux derniers cas apparaît la nécessité d'une *cause finale licite* chez les parties elles-mêmes, comme élément essentiel de l'existence d'un acte de volonté ou d'une convention productive d'effet juridique. Cela résulte logiquement de cette observation posée plus haut, savoir qu'il n'y a pas de volonté libre sans délibération, et par conséquent sans cause finale ou déterminante. Seulement, on comprend que le législateur, qui ne peut saisir la volonté que dans ses manifestations extérieures, considère comme cause finale le but juridique immédiat et apparent par la nature même de l'acte que la partie a eu en vue en contractant. Le droit positif néglige en général les motifs ultérieurs, qui restent cachés dans le monde psychologique, et perceptibles seulement à la conscience.

9. Quant à la distinction entre les causes efficientes et les causes occasionnelles, elle doit naturellement trouver sa place dans le droit positif, et l'on en voit notamment une application dans le droit sanctionnateur (voy. art. 1151, Code Nap., et art. 65 et 463, Code pén.); mais ce point ne rentre pas directement dans notre matière.

10. Après avoir indiqué par aperçu comment les trois principales acceptions du mot *cause* se conçoivent *à priori*, comme pouvant recevoir leur application dans le droit privé, voyons si elles se sont présentées toutes et simultanément dans l'histoire intime de la législation romaine.

§ 2. — Principaux sens du mot *causa* chez les Romains.

11. Quand on remonte aux premiers temps de la législation ro-

maine, on voit l'idée de *cause efficiente* des droits et obligations se manifester d'une manière très énergique dans le symbolisme formaliste des actes solennels et des actions de la loi. Comme il arrive chez tous les peuples, au début de la civilisation, c'est par des signes matériels, destinés à frapper vivement les sens, par des paroles et des gestes consacrés, que se révèlent au dehors le lien juridique, les faits investitifs du domaine ou de la créance, aussi bien que les faits juridiques tendant à modifier ou à éteindre les droits existants. D'un autre côté, l'esprit d'analyse n'ayant pas encore séparé la *notion abstraite des droits* ou facultés légales garanties par la puissance publique, *du procédé* mis en œuvre pour en assurer le maintien en cas de violation, *le droit déterminateur* ne se montre le plus souvent qu'*à posteriori*, à l'occasion et comme conséquence du *droit sanctionnateur*, de l'action accordée à la partie lésée. Ainsi, pour créer un droit, la loi, ou l'usage interprété par le collége des pontifes, procède le plus souvent par concession d'action ; c'est la présence de cette dernière qui annonce l'existence du *jus civile*. Dès lors, on entend par *causa civilis*, le fait qui engendre l'action, et par suite le droit lui-même qu'elle suppose.

12. Dans les cas même où nous avons reconnu que le législateur n'intervient que pour assurer l'efficacité de la dernière volonté de l'homme, ou de la convention, celles-ci ne sont point considérées en principe comme des *causes civiles* suffisantes ; le droit matérialiste semble attribuer plus d'importance au rite solennel, à la forme que doit revêtir la volonté humaine, qu'à l'existence réelle de cette volonté. Cependant, il est certain que, dans une législation plus avancée, les formes même solennelles ne sont que des *causes occasionnelles* exigées par la loi pour mieux garantir la sincérité et la pureté de la volonté, véritable cause efficiente.

Mais, dans le droit romain ancien, si les rites du *nexum*, ou de l'*in jure cessio*, ou plus tard de la *stipulatio*, ont été accomplis, l'action existe ; peu importent les vices qui ont pu infecter le consentement, la crainte, l'erreur ou le dol qui en ont altéré la pureté. N'oublions pas cependant que cet inconvénient était en partie balancé par l'avantage qu'offrent les formes solennelles, d'éveiller l'attention de celui qui se propose de faire un acte juridique.

13. Toutefois, à une époque qu'il est impossible de préciser, mais

sans doute encore très reculée, les quatre contrats les plus usuels, la vente, le louage, la société et le mandat, nous offrent l'application d'un droit plus conforme à la raison. Le seul concours des volontés avec les éléments qu'il suppose, consentement, capacité, objet et cause, suffit pour faire naître l'action. Le consentement devient ici, dans les contrats nommés, une *causa civilis* d'obligation revêtue d'action.

14. Nous n'avons point à retracer ici en détail les développements successifs de cette doctrine ; il suffit de rappeler en quelques mots que les progrès de la richesse et de la civilisation, concordant avec ceux de la domination romaine, amenèrent avec la création du *prætor peregrinus*, l'envahissement successif du *jus gentium*. Avec les lettres et les arts, la Grèce introduisit bientôt la philosophie dans la vieille cité des Quirites, et les jurisconsultes, imbus des doctrines du platonisme et du stoïcisme, appliquèrent l'analyse philosophique à l'interprétation de l'*ipsum jus*, et à la transformation du droit symbolique et étroit de leurs ancêtres. Les réponses des prudents, inspirant la jurisprudence des tribunaux et la législation mobile et progressive de l'édit, firent passer les théories nouvelles dans le domaine du droit positif.

15. Dès lors on a nettement distingué les éléments que suppose toute convention tendant à produire un effet juridique ; le consentement doit être libre, et on appliquera ce principe en créant les actions et les exceptions fondées sur le dol ou la crainte, pour paralyser les effets rigoureux de l'ancien droit dans les contrats de droit strict ; dans les autres, l'office du juge lui permettra d'appliquer uniquement les règles du droit rationnel.

16. D'un autre côté les mêmes nécessités pratiques, auxquelles on doit la naissance des contrats consensuels nommés, font revêtir d'actions certains pactes, où le consentement devient une cause d'action prétorienne; dans d'autres cas les lois elles-mêmes, ou les constitutions impériales, créeront des pactes légitimes. Mais on respecte toujours en principe la règle du droit ancien, qui limite les causes efficientes d'action, quoiqu'elle soit débordée par les exceptions.

17. Au milieu de ce développement du droit rationnel, l'idée de *cause finale* ne pouvait passer inaperçue. Il nous semble qu'on peut retrouver par conjecture l'origine et la marche des idées à cet égard dans certaines parties du droit civil ancien. Parmi les modes d'acquisition du domaine, la loi des Douze Tables admit expressément l'*usucapio*, et le droit des gens admettait aussi la tradition à l'égard des choses *mancipi*. L'une et l'autre conduisent à la propriété par la possession.

La tradition *a domino* peut avoir différents buts : c'est la convention qui détermine si elle tend à transférer le domaine ou la simple possibilité d'user. Or, les jurisconsultes ont donné le nom de *justa causa* au *negotium juris*, qui manifeste l'intention commune des parties de transférer et de recevoir le domaine, qui explique *le but* de la transmission de la possession. De même, si une tradition a eu lieu *ex justa causa a non domino*, et que la possession commence *bona fide*, c'est un cas d'application de l'usucapion. Le mot *justa* indique un *negotium*, une opération juridique conforme au droit civil, qui vient ici prêter son efficacité à la volonté de l'homme. L'idée de *cause finale* ne se montre-t-elle pas ici dans le droit positif, avec des conséquences juridiques? N'est-elle pas du moins nécessairement confondue dans l'idée de cause efficiente?

18. Dans les testaments, elle ne dut pas apparaître d'abord aussi clairement, car le testament étant l'œuvre d'une seule volonté, la cause efficiente semble ici prédominer; mais elle existe toutefois, bien distincte des simples motifs, dans le désir d'avoir un héritier, et le plaisir de conférer un bienfait. Aussi, la fausseté des motifs tirés des faits passés, auxquels les textes donnent ici improprement le nom de *causa*, n'empêche pas le legs d'exister, pas plus que l'absence de motifs : *ratio legandi legato non cohæret,* sauf la preuve d'une volonté contraire

La condition suspend la volonté; c'est une modalité du droit lui-même (et non son but), qui, si elle ne s'accomplit pas, empêche la cause efficiente d'exister.

Quant au *mode,* ce n'est qu'un but partiel placé dans l'avenir, qui ne suspend pas l'effet du legs.

19. Si nous passons maintenant aux contrats, nous trouvons la distinction des contrats synallagmatiques et unilatéraux. Dans les premiers, les jurisconsultes, dès que les contrats consensuels nommés sont devenus obligatoires, ont dû constater l'existence de l'idée de *cause finale* de l'obligation de chaque partie, car elle se montre très clairement par

la nature même du contrat, dans l'acquisition d'une créance par une des parties contre l'autre.

C'est là, selon nous, la raison qui a fait admettre d'abord la compensation dans ces contrats, et plus tard l'action contraire dans les contrats synallagmatiques imparfaits.

20. Mais à l'égard des contrats unilatéraux de droit strict, formés *verbis* ou *litteris*, pour la validité desquels la loi romaine se contentait de la *causa civilis*, ou cause efficiente, l'existence d'une cause finale n'était pas d'abord considérée comme une nécessité juridique ; les libéralités n'étant d'une part assujetties à aucune forme, la partie qui s'obligeait pouvait avoir voulu donner. Dans le cas contraire, c'était à elle, avant d'employer une forme solennelle qui la liait définitivement, à s'assurer, par les moyens juridiques, l'obtention de l'avantage qu'elle se proposait d'atteindre en retour de son engagement. Que si elle négligeait de le faire, il en naissait souvent des abus, des surprises nombreuses, d'où résulta d'une manière éclatante la nécessité de la *cause finale*, comme élément essentiel de tout fait juridique reposant sur la volonté ; l'application à ces cas de l'*exception de dol*, ou de l'*exception in factum non numeratæ pecuniæ*, consacre indirectement l'avénement de cette doctrine dans le droit nouveau.

21. Enfin, la loi des Douze Tables avait admis que les *leges*, pactes ou clauses, jointes à la *mancipatio*, seraient obligatoires (Vat. Fragm. 50). On admit plus tard le même résultat pour la tradition. (en tant qu'il ne s'agissait pas de créer ou de réserver une servitude), mais par ce motif de droit des gens, que la tradition n'opère que dans les limites fixées par la volonté du propriétaire, et que l'obligation contenue dans le pacte est la cause de la tradition.

22. Si la tradition n'a eu pour but que de procurer à l'aliénateur le plaisir de rendre service, cette cause suffit à la validité de la *donatio* ; il y a eu *doni datio ;* peu importe la fausseté des motifs tirés de faits antérieurs, la volonté de conférer la propriété subsiste avec sa cause principale, la libéralité. C'est en ce sens que les textes nous disent qu'il n'y a pas de *condictio ob causam præteritam ;* ici, le mot *causa* est encore pris dans le sens de motifs (Fr. 52 et fr. 65, § 2, *cond. indeb.*).

23. Si, au contraire, une tradition ou une dation opérée d'une manière quelconque a eu pour but, soit l'obtention postérieure d'une dation, ou la réalisation d'un autre fait, soit l'extinction d'une dette,

soit l'acquisition d'une créance, et que ce but ne soit pas atteint, l'autre partie s'est enrichie injustement aux dépens de l'aliénateur, et les jurisconsultes romains arrivent à voir dans ce fait la cause efficiente d'une obligation nouvelle; il y a *res credita*, et une action est accordée, tantôt une *action civile præscriptis verbis pour faire exécuter* la convention, tantôt une *condictio indebiti*, suivant les cas, ou une *condictio causa data causa non secuta*. Ici, c'est la doctrine progressive sur la nécessité de la cause finale dans toute opération ayant un but juridique, qui exerce son influence et fait naître une autre source d'obligation, en augmentant le nombre des causes efficientes d'action (*variis causarum figuris*).

24. Un point particulier de cette théorie nouvelle mérite une attention toute spéciale : dans le cas des contrats innomés *do ut des* et *do ut facias*, l'aliénateur envers qui l'autre partie n'exécute pas, a le choix, ou de demander *id quod interest* par l'action *præscriptis verbis*, ou de demander par la *condictio* à être replacé dans la situation où il était avant la convention, c'est-à-dire que la propriété lui soit *retransférée*. Telle nous paraît être l'origine trop peu remarquée de l'idée de la résolution facultative des contrats, dans le cas d'inexécution, idée qui est devenue un principe général de droit privé moderne.

25. Mais, chez les Romains, elle se présente avec des caractères tout différents : 1° elle n'est accordée, sans clause expresse, que dans les cas exceptionnels où le progrès des idées juridiques avait engendré de nouveaux contrats innomés obligatoires, en rattachant l'existence même d'une cause efficiente, créatrice d'action, matérielle et facile à saisir, savoir la translation de propriété, à l'idée de la cause finale de cette translation ; 2° cette résolution n'opère pas *ipso jure* sur les droits réels transférés, car l'aliénateur demande qu'on lui *rétrocède* la propriété ; en effet, les Romains n'ont admis qu'assez tard la résolution rétroactive des droits réels (Fr. 41, ff. *rei vind.*). Pourquoi en fut-il autrement dans la vente et les autres contrats nommés de droit des gens ? C'est un point fort délicat, sur lequel nous aurons à revenir.

26. Les jurisconsultes en vinrent donc à admettre d'une manière générale que nul ne pouvait s'enrichir injustement aux dépens d'autrui ; d'où il suivait que toute personne qui avait reçu une chose, ou obtenu une créance ou une libération, en vue d'un but qui n'était pas atteint, se trouvait obligée civilement et sujette à la *condictio sine causa*, ou *causa data causa non secuta*, ou à la *condictio indebiti*. Quelquefois le but à atteindre était indiqué par ces mots : *ob rem*, ou *ob conditionem;* alors le mot *causa* se prenait dans le sens strict de *causa præterita*, et s'appliquait à l'idée de simple motif, dont la fausseté, lorsqu'il n'était pas exprimé sous forme de condition (*ob conditionem implendam*), ou de clause négative, n'empêchait pas l'aliénation à titre gratuit de demeurer valable (L. 52 et L. 65, § 2, ff., *de cond. indeb.*).

27. Enfin, lors même que nulle convention n'était intervenue directement entre deux personnes, si l'une d'elles, en aliénant, avait suivi la foi de l'autre, la jurisprudence finit par admettre l'existence d'une *res credita*, et accorda la *condictio* (*V.* L. 1 ; L. 9, § 2 ; L. 23 et 29, *de reb. cred.*; L. 17, §§ 4 et 5, *de inst. act.*).

28. Quelquefois le mot *causa* reçoit d'autres acceptions en droit romain ; alors il désigne notamment les accessoires d'une chose due, ou la situation générale dans laquelle une partie doit être replacée par son adversaire (*V.* L. 9, 10 et 11, *ad exhib.*, ff).

§ 3. — Des divers sens du mot *cause* dans le droit français.

29. Les jurisconsultes modernes, qui s'attachèrent avec tant de zèle à l'étude des monuments du droit romain, surent très bien distinguer les différents sens principaux du mot cause que nous avons indiqués précédemment.

Il y eut même une école d'interprètes qui, se préoccupant exclusivement de l'idée de cause, tomba dans un excès opposé à celui des législateurs anciens : ceux-ci, placés sous l'empire des mœurs formalistes de leur époque, semblaient n'avoir donné asile dans leur édifice juridique qu'à la cause efficiente, le fait solennel d'où naissait le droit, l'action.

30. Les disciples de Ramus, au contraire, dans leur admiration enthousiaste pour la métaphysique subtile de leur maître, et pénétrés

de la haute importance qu'il attachait à l'idée de cause, l'élevèrent à la hauteur d'une méthode de classement et d'étude, applicable à toutes les sciences, et notamment à la jurisprudence. Ce dogmatisme devait surtout réussir en Allemagne, où il fut introduit par Wesembeck, Brederode et Forster, et ne fut abandonné que vers le milieu du XVIIIe siècle, époque où l'empirisme et l'exégèse reprenaient faveur.

31. Cette méthode, dit un savant historien du droit romain, M. Berriat-Saint-Prix, consiste à rechercher dans chaque matière ses causes, dont on distingue quatre espèces : la *matérielle*, la *formelle*, l'*efficiente* et la *finale*, que Jean Bellon, jurisconsulte toulousain et ramiste, nous explique ainsi : La cause matérielle d'un gobelet est *l'or* dont il est fabriqué; la formelle est celle qui lui donne la forme, *ut ex massa aurea schyphus poculi formam assumpsit;* l'efficiente est celle *ex qua aliquid fit*, par exemple le consentement est la cause efficiente du mariage; la finale est celle *cujus gratia omnia fiunt*, par exemple, quand la loi 1re au Digeste, *soluto matrimonio* (XXIV, 3), dit qu'il importe à la république que la femme ait une dot, elle ajoute aussitôt la cause finale, *scilicet ad sobolem procreandam.*

32. Comme cette méthode de classement se rattache de très près à notre matière, il importe de l'apprécier en elle-même. On peut observer d'abord que les deux premiers points de vue de Jean Bellon sont un reste des vieilles habitudes scolastiques, dont l'esprit indépendant de Ramus ne s'était pas complétement dégagé. La notion de cause matérielle a le grave défaut de confondre deux idées essentiellement distinctes, celle de cause avec celle de substance; en outre, on ne voit pas clairement l'application utile de ce point de vue à la jurisprudence; car le jurisconsulte, laissant à l'ontologie la considération abstraite des substances, prend pour objet de ses études les *rapports* légaux que le droit établit entre les personnes à l'occasion des choses, ou plutôt à l'occasion de certains aspects juridiques des choses. On peut adresser un reproche analogue au point de vue tiré de la cause formelle; car la forme n'est, d'une part, que l'ensemble des modes ou accidents, qu'on doit se garder de confondre, même de nom, avec l'idée de cause; d'autre part, cette notion de *forme* embrasserait par sa généralité non-seulement tous les phénomènes qui engendrent ou éteignent les droits, mais encore les caractères et les modalités des sujets et des objets des

droits. Une division prise d'un tel point de vue ne peut aboutir qu'à une confusion énorme (1).

Restent les idées de cause efficiente et de cause finale, aussi vraies en elles-mêmes qu'exactement exprimées, et sans lesquelles un rapport juridique ne se peut concevoir; aussi avons-nous vu qu'elles étaient consacrées par les jurisconsultes romains.

33. En résumé, sur les innovations de la méthode des Ramistes tendant à étendre l'application de l'idée de cause dans le domaine du droit, nous ne pouvons mieux faire que de répéter ici les conclusions de M. Berriat-Saint-Prix : « Cette méthode ne sert à rien qu'à embrouiller ce qui est clair, et jeter de l'embarras dans l'esprit des élèves; aussi un des meilleurs historiens du droit (Bach, p. 709 § 13), après l'avoir qualifiée de méthode qui fait horreur, émettait-il de toutes ses forces le vœu que l'Allemagne l'abandonnât pour s'en tenir à celle de Cujas » (2).

34. C'est en suivant les traces de ce dernier, que le lumineux bon sens de Pothier posa dans le droit moderne, dégagé d'ailleurs des entraves du droit strict et des formules, les bases de la doctrine de la cause. Il distingue très bien, dans son traité des obligations, leurs sources ou causes efficientes, et la cause finale, élément essentiel à toute obligation ou libération conventionnelle.

35. Le Code Napoléon ne fit que reproduire ces principes, mais en leur donnant une portée nouvelle par l'innovation que consacrent les art. 711, 1108, 1138. La convention étant devenue une cause de translation de droit réel, il faut généraliser la formule précédente, et dire que tout fait juridique né de la convention, qu'il consiste dans une création ou extinction de *droit réel* ou personnel, suppose un but que la volonté des parties a eu en vue; or ce but, quand il est *immédiat et apparent*, constitue la *cause juridique*, qui est l'objet de notre dissertation (V. nos 107 et 108).

---

(1) Elle semble d'ailleurs rappeler, dans son langage barbare et subtil, les dissertations de certains philosophes sur *la forme* et *la figure* des êtres, que notre grand écrivain comique a marquées d'un ridicule ineffaçable.

(2) M. Berriat-Saint-Prix, pag. 317.

§ 4. — Division de la matière.

Nous diviserons notre travail en deux parties : la première sera consacrée au droit romain, et divisée en quatre chapitres. Le premier renfermera des notions générales, le second traitera de l'absence de cause, le troisième de la cause illicite, et le quatrième du droit sanctionnateur en cette matière.

La seconde partie est réservée au droit français, et nous y observerons le même plan que ci-dessus.

PREMIÈRE PARTIE.

DE LA CAUSE EN DROIT ROMAIN.

(Dig., lib. XII, tit. 4, 5 et 7. Cod., lib. IV, tit. 6, 7, 9, 30.)

CHAPITRE Ier.

NOTIONS GÉNÉRALES.

36. Nous nous proposons de rechercher, dans cette première partie, quelles étaient les règles admises par le droit romain, relativement à la cause, considérée comme *but immédiat et apparent* que se propose la volonté de l'homme, lorsqu'elle donne naissance à un effet juridique. On a vu précédemment que la législation primitive des Romains s'était préoccupée exclusivement de la *causa civilis*, c'est-à-dire de la cause *efficiente* des droits ; la nécessité de la cause finale, reconnue plus tard par les jurisconsultes et consacrée par le droit prétorien, ne fut donc pas considérée dès l'origine comme un principe fondamental applicable à tous les cas où intervient la convention ou la dernière volonté. Une élaboration lente et successive forma peu à peu les préceptes juridiques qui sont devenus la base du droit privé moderne en cette matière. C'est ce qui explique les graves difficultés qu'on rencontre aujourd'hui à retrouver le système que supposent les diverses dispositions éparses dans les lois romaines, et à reconstruire, par la comparaison et le classement de ces solutions partielles, une

théorie générale que les jurisconsultes ne paraissent pas, du moins au premier coup d'œil, nous présenter toute faite.

C'est ce travail que nous allons tenter, en adoptant un classement dogmatique ; car si ce procédé se justifie surtout, c'est dans les circonstances où les textes eux-mêmes ne semblent pas présenter un ordre clair et méthodique, un enchaînement de propositions générales qui forme un corps de doctrine dominant l'ensemble du droit. Remarquons, en effet, que ni les Institutes de Gaïus, ni celles de Justinien, ne traitent *ex professo* de la cause des obligations ; il n'en est question que très incidemment. Quoi qu'il en soit, de nombreux textes impliquent évidemment la nécessité d'une cause finale à tout effet juridique émané de la volonté humaine ; mais nous n'avons trouvé nulle part la définition de la cause, prise au point de vue d'un but immédiat et apparent indiqué par la nature même de l'affaire, du *negotium juris*. Parfois même, et cela est de nature à jeter de l'obscurité dans la matière, certains jurisconsultes semblent, du moins dans leur langage, n'avoir pas distingué la cause du simple motif ; ils donnent alors le nom de *causa* aux raisons d'agir, manifestées ou non (1) ; tandis que la cause elle-même est exprimée par les mots *ob rem* (2) dans les conventions, et semble être confondue avec la volonté elle-même dans les actes de dernière volonté.

37. Mais il faut négliger ces ambiguïtés de langage. Les rubriques des titres 4, 5 et 7, Dig., lib. XII, emploient le mot *causa* dans son sens exact ; ainsi, d'une part, pour toute convention accompagnant une translation de propriété (3) ou contribuant à créer ou à éteindre un droit personnel (4), les textes reconnaissent la *nécessité d'une cause*, et, comme sanction, accordent une *condictio*, fondée sur ce principe d'équité que nul ne doit s'enrichir injustement aux dépens d'autrui. (V. Paul, pag. 65, § 4, *De cond. ind.*). L'exception *non numeratæ pecuniæ* démontre aussi d'une manière éclatante l'existence du principe de cause, en lui donnant une espèce de sanction.

---

(1) Inst. Just. XXXI, de leg. — Ulp. reg. XXIV, § 19.

(2) Paul, Fr. I, de cond. ob temp. caus. — Pomp. Fr. 52, de cond. ind. — Paul, Fr. 65, de cond. indeb.

(3) Ulp. Fr. 1, Dig., de cond. sine causa.

(4) Ulp. Fr. 4. — Just. fr. 10, de cond. caus. data.

D'autre part les textes reconnaissent que la *cause* doit avoir un caractère *licite*.

Cela posé, nous rechercherons dans les deux chapitres suivants quelles étaient les règles du droit déterminateur, chez les Romains, relativement à l'absence de cause et à la cause illicite. Dans le chapitre quatrième, réservé au droit sanctionnateur, nous rechercherons si notre matière comporte des règles spéciales en ce qui concerne les preuves, et quels sont les caractères des actions ou exceptions introduites pour garantir l'exécution des préceptes du droit déterminateur.

CHAPITRE II.

DE L'ABSENCE DE CAUSE.

SECTION I.

De l'absence de cause dans les actes juridiques à titre gratuit.

Nous entendrons avec les Romains par absence de cause, soit la non-existence même de la cause par suite d'une erreur au moment même où se fait l'acte juridique, soit le non-accomplissement d'une cause dépendant de l'avenir, ou la cessation d'une cause existante (**Fr. 1, § 2,** et **Fr. 4,** ff., *de cond. sine causa*).

§ 1er. — Actes translatifs de propriété à titre gratuit.

38. La propriété peut être transférée à titre gratuit par acte de dernière volonté ou entre vifs. Occupons-nous d'abord du premier cas.

On sait qu'en droit romain la propriété était transférée par testament, ou à titre universel *per universitatem*, ou à titre singulier, par le legs *per vindicationem*.

Dans l'un et l'autre cas, la cause efficiente de l'opération juridique est la volonté du testateur, exprimée en termes solennels, qui fait loi, conformément au principe posé dans la loi des Douze Tables; quant à la *cause finale*, c'est la libéralité du testateur, le plaisir de procurer un bienfait à l'héritier institué ou au légataire. Aussi, l'on comprend que les textes semblent confondre ici la cause finale avec la volonté de donner, car la nature même de l'acte exprime assez le but que s'est proposé le testateur.

C'est pourquoi le mot *cause* ne s'applique qu'aux simples motifs. Peu importe qu'ils soient ou non exprimés, et même que, dans le premier cas, l'expression en soit inexacte : la disposition reste sans motif connu, mais la volonté de donner subsiste, et suffit pour soutenir l'acte. C'est ce qu'on exprime par ces mots : *ratio legandi legato non cohæret* (1).

39. Mais, s'il est prouvé que la volonté de donner ne reposait que sur l'exactitude du motif, il est clair que le legs ne peut plus subsister, car c'est la cause efficiente qui manque elle-même ; à plus forte raison en est-il ainsi lorsque l'expression du motif en fait une véritable condition (2).

40. Il faut éviter de confondre le motif, *causa*, qui se tire d'un événement passé, avec le *mode*, ou charge imposée au légataire. Celui-ci doit, sinon exécuter, au moins garantir l'exécution de cette charge pour obtenir l'objet légué ; en effet, ici la disposition avait un but spécial, et s'il n'était pas atteint par le fait du légataire, il y avait lieu à la répétition (3).

Quant à ce qui concerne les institutions d'héritier ou les legs faits *à titre de peine*, nous en parlerons au chapitre de la cause illicite.

41. Nous arrivons maintenant aux translations de droits réels opérés entre vifs à titre gratuit. Il était de principe que la propriété ne pouvait être transférée par simple convention ; d'autre part la convention de donner n'était qu'un simple pacte qui ne produisit d'action que dans le Bas-Empire. Mais si cette convention était accompagnée d'un acte translatif : la tradition, la mancipation ou l'*in jure cessio* devenait une *doni datio* parfaitement valable. Ici encore le plaisir de procurer un bienfait est le but, la cause finale que se propose l'aliénateur ; l'absence ou la fausse indication des motifs (*causa præterita*) n'empêche pas l'acte d'être valable. C'est ce qui résulte clairement des Lois 32 et 66, § 2, ff., *de cond. ind.*

(1) Pap., Fr. 72, § 6, de cond. et dem.
(2) Gaius, Fr. 17, § 3, de cond. et dem.
(3) Scævola, Fr. 24, § 3, de ann. leg.

12. Toutefois, il peut arriver que la libéralité ne soit pas pure et simple. Si alors l'intention a été de transférer la propriété immédiatement, il y a lieu à condiction pour le cas où ce but n'est pas atteint (1). Mais si une condition accompagne la dation, et que le mode de translation de propriété employé par les parties comporte cette modalité, la dation devient elle-même conditionnelle; et si la condition ne s'accomplit pas, c'est la volonté elle-même, la cause efficiente, qui vient à manquer.

En effet, la donation peut avoir eu lieu avec charge, avec indication expresse d'un but spécial et à venir, alors l'acte présente un caractère mixte, d'où résultent des règles particulières. La translation de propriété demeure valable, malgré l'inexécution de la charge imposée, mais il y a lieu à *condictio* (2), et le texte de la loi 8, au Code *de cond. ob. caus. dat.*, dit positivement que la *cause possible* qui n'a pas été atteinte donne lieu à cette action : *Si... certam dixisti legem, nec huic illa* (sponsa), *quum posset, paruit...* Bien plus, elle aurait lieu alors même que la cause serait impossible, si l'aliénateur l'avait ignoré (3), à moins qu'il ne fût prouvé que la donation aurait eu lieu malgré la connaissance de cette impossibilité (4). Mais la *condictio causa data* ou *ob rem dati* a lieu en général à partir du moment où on ne peut plus espérer l'exécution du fait en vue duquel a eu lieu la dation, lorsqu'il ne dépend pas de la seule volonté de l'*accipiens* (5); dans le cas contraire, c'est seulement à partir du moment où il est en demeure (6); et si l'impossibilité survient auparavant, le donataire n'est pas tenu de restituer.

13. En résumé, on peut conclure des observations précédentes, qu'en général les mêmes principes étaient applicables en droit romain en ce qui concerne la cause des actes translatifs de propriété à titre gratuit, soit entre vifs, soit par testament. L'absence ou la fausseté des motifs, bien distincts de la cause finale, n'entraînaient pas nullité;

---

(1) Ulp. Fr. 9, de jure dotium.
(2) Dioc. et Max. c. 8, Cod., de cond. ob caus. dat. — Jul. Fr. 11, ff. h. tit.
(3) Ulp. Fr. 3, § 5, cond. caus. dat., ff.
(4) Diocl. et Maxim., c. 6, Cod., h. tit.
(5) Nerat. Fr. 8, ff., h. tit.
(6) Alex. C. 2, Cod., de cond. ob caus.

quant au non-accomplissement du fait qui était indiqué comme le but de la libéralité, il engendrait *seulement* une *condictio*, sans opérer rétrocession *ipso jure* de la propriété.

L'absence de la cause fondamentale, c'est-à-dire le plaisir de rendre service, se confondait en droit et en fait avec l'absence même de la volonté, cause efficiente de l'acte translatif, et produisait les mêmes effets, dont nous n'avons pas à nous occuper ici, puisque nous n'avons à traiter que des conséquences particulières à l'absence de cause finale.

§ 2. — Actes constitutifs ou extinctifs de droits personnels à titre gratuit.

44. Les règles posées plus haut, en ce qui concerne les translations de propriété opérées par testament, sont également vraies pour les legs qui ne contiennent qu'une créance, et pour ceux qui obligent l'héritier à procurer sa libération au légataire.

Quant aux promesses par stipulation, ou aux acceptilations faites à titre de pure libéralité, la fausseté des motifs n'empêche pas l'acte de produire ses effets; mais si le promettant prouve qu'il a été déterminé par dol, il pourra invoquer l'exception *doli,* ou une exception *in factum,* ou agir *de dolo* pour obtenir sa libération.

Le pacte *de non petendo* appliqué à une obligation de bonne foi laisse toujours à décider par le juge s'il n'est pas le résultat de l'erreur ou du dol de l'autre partie; si le pacte s'appliquait à une obligation de droit strict, le créancier pourrait se faire donner une réplique, dont il n'aurait pas même besoin, si le défendeur, au lieu de l'exception *in factum pacti conventi* avait opposé l'exception de dol.

SECTION II.

De l'absence de cause dans les actes juridiques à titre onéreux.

§ 1er. — Actes translatifs de propriété.

Nous avons à parler maintenant des actes translatifs de propriété opérés à la suite d'un *negotium juris* à titre onéreux, d'une affaire où chacune des parties se propose un avantage équivalent à celui qu'elle procure. Il s'agit donc de rechercher, dans les divers cas où une personne avait aliéné entre vifs, quelle était la cause finale particulière de cette aliénation, et quels effets engendrait l'absence ou la fausseté de cette cause.

De là trois subdivisions de notre matière, suivant que le but de l'aliénation consistait dans l'obtention d'un droit réel ou d'un droit personnel, ou bien dans l'extinction d'un droit personnel.

A. *Aliénation en vue d'obtenir un droit réel.*

45. Le contrat *innomé* que les jurisconsultes ont désigné par le mot de *permutatio*, nous offre en droit romain le type de l'aliénation opérée en vue d'acquérir postérieurement un droit réel.

On sait que par suite du développement progressif de la théorie relative à la *causa civilis*, ou cause efficiente d'action, les jurisconsultes avaient admis que la convention accompagnée d'une dation opérée dans un but, ne restait pas dépourvue d'effets civils, que l'exécution volontaire de ce qu'elle avait promis par l'une des parties, était une cause d'obligation pour l'autre (1).

En effet, par suite de ce principe que l'on ne peut s'enrichir injustement aux dépens d'autrui, la partie qui a acquis dans un but qu'elle ne remplit pas est liée envers l'autre.

L'aliénateur a le choix entre l'action *præscriptis verbis* pour obtenir *id quod interest*, de la *condictio causa data causa non secuta*. D'où l'on voit que la non-réalisation de la cause attendue produit les mêmes effets que l'absence de cause (2).

46. Remarquons que dans l'échange, à la différence de la vente, la convention entre les parties est de se transférer réciproquement la propriété; de sorte que si l'un des contractants a livré une chose qui n'est pas à lui, il n'y a pas eu de *permutatio;* et celui qui a reçu ainsi la chose d'autrui peut immédiatement répéter la sienne par la condiction, ou agir en dommages-intérêts par l'action *præscriptis verbis* (3).

---

(1) Dig., 2, 14, de pactis. — Ulp., Fr. 7, § 1, 2 et 4.

(2) Ulp., Fr. 1, § 2. — Afr., Fr. 4, de cond. sin. causa, Dig.

(3) Dig. 19, 4, de rerum permut. — Cod. 4, 64, de rerum permut. et præsc. verb. — M. Ort. 2, p. 297.

B. *Aliénation en vue d'obtenir une créance.*

Arrivons maintenant au cas où une aliénation a été opérée en vue d'acquérir, non pas un droit réel, mais une créance seulement, un fait ou une abstention.

47. Dans le contrat de *mutuum*, l'aliénation a pour cause finale la création d'un droit personnel ; cependant si l'obligation ne prend pas naissance à raison de l'incapacité de l'acquéreur, v. gr. d'un pupille non autorisé, l'aliénation demeure valable, il n'y a même pas lieu à *condictio sine causa*; mais cela tient à cette règle particulière d'après laquelle ceux qui contractent doivent connaître la position de ceux avec qui ils traitent. Toutefois on revient au droit commun dans le cas où le pupille s'est enrichi, alors il est soumis à la *condictio* dans les limites de son enrichissement, en vertu de la constitution d'Antonin-le-Pieux (1).

L'aliénation est encore opérée en vue d'obtenir une créance dans les divers contrats innomés *do ut facias*.

48. Ici, nous devons faire une distinction importante entre le cas où l'opération dont il s'agit se rattache à l'idée de mandat, et ceux où, d'après l'intention des parties, leur position doit être égale.

Dans la première hypothèse, celui qui a promis un fait n'a pas un intérêt direct à l'accomplissement de l'affaire ; au contraire l'aliénateur a pris l'initiative, et n'a aliéné qu'en vue d'obtenir le fait promis, qui l'intéressait personnellement. Sans doute la convention n'est pas un véritable mandat puisqu'il y a de part et d'autre un but intéressé, mais elle s'en rapproche en ce sens que l'aliénateur y joue le rôle principal, et se réserve tacitement la faculté de révoquer la convention, en indemnisant s'il y a lieu l'autre partie. De là la *condictio ob pœnitentiam*. Ainsi j'ai donné dix à Titius pour qu'il achetât un esclave désigné et qu'il l'affranchît, je puis, avant l'affranchissement opéré, revenir sur ma détermination et réclamer par une *condictio ob pœnitentiam* la rétrocession de la somme aliénée (Ulp. F. 5, ff *de cond.*

---

(1) Paul., Fr. 13, § 1. — Pomp., Fr. 14, de cond. ind.

caus. dat.) ; si l'esclave était déjà acheté, c'est lui qui devrait m'être restitué.

On ne peut voir là que l'exécution d'une clause sous-entendue entre les parties, et qui assimile le contrat innomé à un mandat; c'est ainsi que, d'une part, en avertissant le promettant à l'avance, on conserve la *condictio* même au cas d'exécution du fait promis (Ulp. *dicto Fr.* § 1), et que, d'autre part, si le promettant non averti a fait quelque dépense en vue de l'exécution, il doit être indemnisé. On comprend aisément que les jurisconsultes et le préteur, en introduisant les contrats innomés, en aient rattaché autant que possible les règles aux contrats analogues dont le droit civil admettait l'existence (1). C'est ainsi que s'explique l'absence de règles générales en ce qui concerne cette matière; or, comme la *condictio ob pœnitentiam* ne se présente qu'à l'occasion de faits analogues au mandat, il est permis d'en tirer cette conséquence qu'elle n'était pas admise dans tous les cas de convention *do ut des* et *do ut facias*.

49. Ainsi l'aliénateur avait en vue d'obtenir de son adversaire la promesse par stipulation de ne pas plaider, telle avait été la cause convenue d'une translation de propriété : Ulpien, dans le fragment 3, *de cond. caus. dat.*, nous montre clairement qu'il n'y aura lieu à *condictio* qu'autant que l'adversaire refusera de s'engager. Ici le contrat était véritablement intéressé de part et d'autre, il n'est plus question de *condictio ex pœnitentia*.

En effet, celui qui a exécuté la dation peut agir pour demander *id quod interest* par l'action *præscriptis verbis*, en cas d'inexécution, ou intenter la *condictio causa data causa non servata*, si la cause de son aliénation ne se réalise pas : *quod ob rem datur, ex bono et æquo habet repetitionem, veluti si dem tibi ut aliquid facias, nec feceris* (Paul, Fr. 65, § 4, ff. *de cond. ind.*) (2).

Cette règle s'applique, suivant nous, à tous les contrats réellement onéreux qui prennent leur cause dans une dation (Ulp., Fr. 3, *de cond. caus. dat*).

Les mêmes principes doivent s'étendre au cas où la dation a eu pour

(1) Paul, Fr. 5, § 4, de præsc. verbis.

(2) Paul, Fr. 5, § 2, ff., præsc. verb. — Pap., Fr. 7, 8 et 9, h. tit.

but moins l'acquisition d'une créance que le simple accomplissement d'un fait : *ut quid fieret vel non* (Ulp., *eod. Fr.*).

50. Quelquefois une dation tend à l'exécution d'une condition imposée à un legs ou à une institution d'héritier. Si la condition n'existait pas en réalité, la translation de propriété s'est faite par erreur, et il y a lieu à *condictio*, parce que la propriété a été transférée sans cause (1).

C. *Aliénation en vue d'éteindre une dette.*

51. Il nous reste à examiner les conséquences de l'absence de cause dans le cas où l'aliénation a eu pour but final l'extinction d'une dette. Cette matière présente deux points de vue : ou l'aliénateur a voulu transférer l'objet même de la dette pour acquitter son obligation de payer, ou bien il a voulu faire une dation en paiement.

Nous nous bornerons à résumer rapidement les règles du droit romain en ce qui concerne la *condictio indebiti* dans ses rapports avec notre sujet, car l'ensemble de cette matière est en dehors de notre cadre et demanderait des développements considérables.

Lorsque le but de l'aliénation est un paiement proprement dit, il faut que la dette, cause de ce paiement, soit réelle; autrement, qu'elle ait cessé d'exister ou n'ait jamais été qu'imaginaire pour l'aliénateur, peu importe. Si elle n'existe pas même d'après le droit naturel, il y a lieu à la *condictio indebiti*, qui offre une grande similitude avec la *condictio sine causa* ou *causa data* (V. Ulp., Fr. 1, *de cond. sin. caus.*; Afr., Fr. 4, *eod.;* Pap., Fr. 66, *de cond. ind.;* Pomp., Fr. 52, *eod.;* Paul, Fr. 9, *de cond. caus. dat.*).

Mais cette répétition suppose une erreur, car dans le cas contraire on présume que la cause est dans la libéralité de l'aliénateur (2), et, suivant nous, malgré quelques textes contraires, l'erreur de droit elle-même n'exclut pas la répétition, car elle ne doit pas nuire à celui qui ne cherche qu'à éviter une perte (3).

---

(1) Ulp., Fr. 1, § 1, et Fr. 7, § 6 et 7, de cond. caus. dat. — Hermog., Fr. 2, eod. Fr. 13, eod. Marc.

(2) Ulp., Fr. 1, § 1, de cond. ind. — Paul, Fr. 53, de reg. juris.

(3) V., Fr. 1, 7, 47, 54, 59, de cond. ind. — Ulp., Fr. 1, ut in poss. leg. — Pap., Fr. 7 et 8, de jus et fact. ignor.

52. Quant à la dation en paiement, il résulte de la combinaisou des L. 46, ff., L. 46, t. 3, et 24, ff., L. 13, t. 7, qu'il faut distinguer si la dette était d'une somme d'argent ou d'un corps certain.

Dans le premier cas la dation en paiement était considérée comme une vente dont le prix se compensait avec la dette, et si celle-ci n'existait pas, le *solvens* avait l'action *ex vendito* pour répéter son prix.

Dans le second cas, le *solvens* avait la *condictio* pour répéter la chose qu'il avait donnée à tort en paiement.

53. Pour terminer ce paragraphe, nous dirons, comme conclusion, qu'en ce qui concerne les actes translatifs de propriété à titre onéreux, l'absence de cause ne rend pas nulle la translation, mais donne lieu seulement, suivant les cas, à la *condictio sine causa* ou *causa data*, ou *indebiti*, qui diffèrent plus par le nom que par le fait.

§ 2. — De l'absence de cause relativemeut aux obligations, c'est-à-dire aux actes constitutifs de droits personnels.

Nous allons rechercher maintenant quels sont les effets de l'absence de cause relativement aux obligations qui prennent naissance dans un but intéressé.

A.

54. Souvent la cause d'une obligation contractée par une personne consistera dans l'acquisition actuelle ou future de la propriété. Le *mutuum* nous offre un exemple du premier cas. Comme la translation de propriété est à la fois cause efficiente et cause finale de la dette de l'emprunteur, il en résulte que si la propriété n'est pas transmise, la dette ne naît pas : *non ontrahit obligationem.* L'absence de cause empêche l'existence même du contrat (Paul Fr. 2, § 2, *de rebus creditis,* et Fr. 16 *eod.*) ; il n'y a pas lieu à *condictio,* le propriétaire revendiquera sa chose tant qu'elle existera.

55. Si l'absence de translation provient de l'incapacité de l'aliénateur, v. gr. d'un pupille non autorisé, la consommation d'une somme d'argent opérée de bonne foi par l'emprunteur met les choses au même état que s'il y avait eu acquisition, et la dette prend naissance ; il y a lieu alors à la *condictio*.

Si la chose prêtée appartenait à un tiers, la consommation de bonne foi donne également lieu à la *condictio* envers l'emprunteur (Jul., Fr. 19, § 1, ff. *de reb. creditis*).

56. L'analogie que nous venons de signaler entre le prêt fait par un incapable et le prêt fait par un non-propriétaire n'existe pas à tous les égards.

Il y a d'abord cette différence que dans le premier cas, après la consommation de bonne foi de la chose, la *condictio* pourra être intentée par le prêteur immédiatement, et sans attendre le délai accordé à l'emprunteur pour la restitution, tandis que dans le second cas, la répétition par le prêteur de la chose consommée de bonne foi n'aura lieu qu'au terme convenu entre les parties.

Une autre différence consiste en ce que la consommation de mauvaise foi de la chose fait naître au profit du prêteur incapable une action *ad exhibendum*, tandis que lorsque le prêteur n'est pas propriétaire, c'est le véritable propriétaire qui a l'action *ad exhibendum* contre l'emprunteur qui a consommé de mauvaise foi, et le prêteur n'a pas d'action.

57. Il arrivait souvent en droit romain qu'en vue d'obtenir plus tard une translation de propriété d'une somme donnée, une personne s'obligeait immédiatement par une forme générale de droit strict, *verbis* ou *litteris*, à payer une quantité semblable de choses fongibles. Le promettant était lié par un contrat unilatéral; et les Romains ne se préoccupaient alors que de la cause efficiente et non de la cause finale; or cette dernière pouvait ne pas se réaliser, et cette fraude se présentait quelquefois: le créancier n'exécutait pas la dation promise et exerçait la *condictio* née du contrat verbal ou littéral. Mais le préteur, inspiré par les jurisconsultes, avait reconnu la nécessité d'une cause finale de toute obligation; n'osant pas refuser l'action au stipulant, qui avait en sa faveur une *causa civilis*, il écarta du moins sa demande en accordant au débiteur une exception de dol ou l'exception *non numeratæ pecuniæ* (1). Ainsi la créance se trouvait en fait paralysée, à condition toutefois pour le défendeur de ne pas laisser s'écouler un certain temps.

---

(1) Inst. Just., Pr., de oblig. — Gaius, Com. 4, 116, — Ulp., Fr. 2, § 3 et 4, § 16, ff., de dol. mal. et met.

Nous reviendrons d'ailleurs sur ce point au chapitre IV. — En outre, le promettant ne pouvait être forcé de demeurer sur la défensive ; il pouvait donc agir par la *condictio* pour répéter sa reconnaissance ou demander sa libération (1), car elle est accordée en principe à quiconque s'est obligé pour une cause qui n'existait pas ou qui ne s'est pas réalisée (2). (V. const., Val. et Gall. cod. c. 4 *de Cond. ob caus. dat.*)

B.

58. Passons maintenant au cas où l'obligation contractée avait pour cause l'acquisition actuelle d'une créance. Sous ce point de vue se présentent d'abord les contrats synallagmatiques, qui sont tous de bonne foi et de droit des gens, et dans lesquels la cause de l'obligation de chaque partie se trouve être précisément l'obligation de l'autre partie. Aussi le droit civil lui-même admet sans difficulté que l'absence de cause y produit des conséquences directes relativement à leur existence.

C'est ainsi que, lorsque l'obligation de l'une des parties ne naît pas faute d'objet, le contrat est absolument nul, la dette de l'autre partie ne pouvant pas elle-même prendre naissance (3). Si le contrat produit des obligations successives dans leur durée, le cas fortuit qui empêche ou arrête la réalisation de la dette de l'une des parties, anéantit pour l'avenir l'obligation corrélative (V. Fr. 15, § 2 et 7, et Fr. 26, § 6, ff. lib. 19, tit. 2).

59. Mais, que décider au cas où l'obligation de l'une des parties n'est pas exécutée? Les Romains n'avaient pas admis, dans les contrats nommés produisant des engagements de part et d'autre, la résolution facultative pour le cas d'inexécution par l'une des parties; le créancier pouvait seulement agir par l'action de bonne foi résultant du contrat pour obtenir *id quod interest ;* la *lex commissoria* dans la vente notamment n'était que la conséquence d'une convention ex-

(1) Ulp., Fr. 1. — Jul., Fr. 3, Dig., de cond. sin. caus.
(2) Ulp., Fr. 1, § 1 et 2, h. tit. — Diocl. et Max., C. 3, Cod., de cond. indeb.
(3) Paul, Fr. 5 et 15, ff., de cons. empt. — Pomp., Fr. 8, eod. — Ulp., Fr. 63, § 10, pro socio.

presse (1). En dehors de cette hypothèse, le vendeur non payé avait la faculté ou de suspendre la livraison de la chose (2), ou d'agir *ex vendito*.

L'existence de l'obligation de chacune des parties lors du contrat paraissait suffisante pour constituer la cause de l'obligation de l'autre, encore bien que la première ne fût pas exécutée par la suite. Mais nous avons vu qu'il en était autrement au cas du pacte de *permutatio*, et autres semblables; et telle est, selon nous, l'origine de la règle de notre art. **1184**, admise déjà dans l'ancien droit français, plutôt que le pacte commissoire, qui opérait résolution du contrat *ipso jure*, dès que le vendeur avait manifesté son intention (3).

En effet, la vente d'un corps certain ressemble (sauf en ce qu'elle est un contrat nommé et purement consensuel) plutôt, chez nous, à l'échange des Romains qu'à leur vente.

C.

60. Nous arrivons maintenant au cas où une obligation est contractée en vue d'éteindre une dette, soit du débiteur promettant lui-même, soit d'un tiers : c'est ce qui arrive dans les cas de novation par changement d'objet de dette ou de débiteur.

Remarquons que la novation s'opère toujours par la forme de la stipulation ou par une solennité littérale, *stricti juris*, qui, dans le droit strict, emportait *causa civilis* d'action, indépendamment d'une cause finale. Mais enfin il est possible que celle-ci n'existe pas, qu'il y ait eu erreur de fait ou de droit de la part du promettant sur la possibilité de l'extinction qu'il s'agit d'obtenir. Ainsi, la dette qu'on veut nover n'existait pas, même naturellement (4), ou bien elle était conditionnelle, et la condition vient à défaillir (5). La stipulation pure et simple, dont le but était d'opérer novation, demeurera sans effet. Cela

(1) Ulp., Fr. 1, ff., de leg. comm. — Const. 8, de cons. empt. — C. 14, Cod., de resc. vend.

(2) Ulp., Fr. 13, § 8, de act. empt.

(3) V. Pothier, contrat de vente, n° 476.

(4) Ulp., Fr. 1, § 1, ff., de nov.

(5) Ulp., Fr. 8, § 1, et Fr. 14, § 1, de novat.

tient à ce que la volonté de nover résulte après tout de l'intention des parties, et rend ainsi la stipulation tacitement conditionnelle.

61. Lorsque le promettant s'oblige envers un autre que son créancier primitif, sur l'ordre de celui-ci, il se présente alors quelques règles spéciales. Si le promettant s'est cru à tort l'obligé du délégant, il y a fausse cause, néanmoins le stipulant qui *suum recipit*, et a reçu la créance à titre onéreux, v. gr. à titre de dot, ne doit pas être déçu dans son attente, et le promettant demeurera tenu envers lui (1). Cela se comprend, car la faute du promettant qui s'est laissé tromper ne peut retomber sur un tiers de bonne foi qui *certat de damno vitando* (V. Fr. 4, § 20 et Fr. 7, *De dol. mal. et mes. causa*). S'il y avait eu libéralité de la part du délégant, le délégué aurait contre lui la *condictio* de son obligation. — Mais si un étranger avait promis une dot par *dictio*, comme cette forme n'était licite et obligatoire que pour la femme, son ascendant paternel ou son débiteur, l'étranger qui s'est cru à tort débiteur de la femme, ne serait pas obligé (2).

§ 3. — De l'absence de cause relativement aux actes à titre onéreux extinctifs d'obligation.

Nous suivrons, en cette matière, le même ordre que précédemment.

A.

62. Ainsi se présentent d'abord les cas où l'acte extinctif d'obligation a pour cause l'acquisition d'un droit réel. Celui qui reçoit un paiement consent à l'extinction de sa créance en vue de l'acquisition de la propriété; en conséquence, si elle n'est point acquise, l'extinction de la dette n'a pas lieu, et l'obligation subsiste. Ici la fausseté de la cause annule l'effet juridique attendu (3), et tant que l'objet peut être, en

(1) Paul, Fr. 9, § 1, ff., de cond. caus. dat. — Tryphon., Fr. 78, § 5, ff., de jur. dot. — M. Pellat. p. 411.

(2) V. M. Pellat, de la dot, p. 211.

(3) Pap., Fr. 91, § 1, ff., de sol.

vertu d'une cause antérieure, enlevé au créancier, le paiement est imparfait (1).

63. Il en est de même pour la dation en paiement (2). L'acquisition de la chose donnée en paiement devient, en effet, ici la cause efficiente de l'extinction de la dette.

Car il est à remarquer que, dans certains cas, l'idée de cause finale était si nécessaire, que les Romains, qui n'étaient pas encore arrivés à formuler une théorie à cet égard, étaient entraînés par la force des choses à la confondre dans la volonté même, cause efficiente de l'acte qu'on voulait faire. De sorte que si la cause finale venait à manquer, c'était le consentement lui-même, cause efficiente de l'acte, qui semblait avoir fait défaut. La même chose se remarque en droit français dans la novation, où la volonté des parties (c'est-à-dire ce qui l'a déterminée, le but qu'on s'est proposé) est considérée comme la cause efficiente de l'acte (V. nº 137).

B.

64. Dans le cas de novation, prise au point de vue inverse de celui que nous avons envisagé ci-dessus, le créancier consent à l'extinction de sa créance en vue de l'obtention d'une autre créance, soit contre le même débiteur, soit contre un tiers. Il faut, *suivant Ulpien*, que la nouvelle dette, outre la condition de la forme de la stipulation, existe au moins naturellement ; si elle était conditionnelle et que la condition vînt à manquer, la cause ne se réaliserait pas et la dette primitive subsisterait (3) ; car ici la cause finale rend la cause efficiente, c'est-à-dire la volonté de s'obliger, conditionnelle (4).

65. On peut avoir fait une acceptilation d'une obligation formée *verbis*, en vue d'obtenir une expromission ultérieure ; alors même que celle-ci ne se réalise pas, l'acceptilation, acte solennel, demeure valable ; mais l'absence de cause autorise l'ex-créancier à intenter la

(1) Fr. 60, 78, 94, § 2, 20, 69 et 30, § 3, h. tit.

(2) Paul, Fr. 98, h. tit.

(3) Ulp., Fr. 8, § 1, de novat.

(4) Ulp., Fr. 14, de nov., et Gaius, Fr. 30, § 1 et 2, ff., de pactis.

condictio contre le débiteur pour obtenir de l'autre partie qu'elle se replace dans sa position antérieure (1).

Mais si l'acceptilation était subordonnée tacitement à l'accomplissement d'une condition qui vienne à défaillir, la libération n'a pas eu lieu. C'est ce qui arrive quand une femme a fait acceptilation à son futur mari, pour *cause de dot;* lorsque le mariage manque, l'acceptilation est nulle ; ici c'est la cause efficiente elle-même qui fait défaut. En vain opposerait-on que l'acceptilation n'admet pas de modalités (2); comme les autres actes solennels, elle est susceptible de condition tacite, résultant de la nature même de l'affaire (3).

Notre décision n'est pas non plus contraire à la loi 10, ff., *de cond. caus. dat.*, où Javolenus suppose que l'intention des parties était de faire une acceptilation immédiate, auquel cas, si le mariage manque, la femme n'aura pas la *condictio causa data* (4). En effet, la même distinction est appliquée par Ulpien à l'acceptilation faite *dotis causa* par un créancier étranger (5).

C.

66. Nous arrivons maintenant à la dernière branche de notre division : il s'agit du cas où un acte extinctif de droit personnel est fait par le créancier, en vue d'obtenir l'extinction d'un autre droit de même nature.

Il est permis aux parties, dans un contrat synallagmatique formé *solo consensu*, d'éteindre leurs obligations respectives lorsque les choses sont (*re non secuta*) encore entières. La volonté de chacune d'elles concourt dans ce mutuel dissentiment à éteindre sa créance, à raison de l'abandon réciproque opéré par l'autre partie (6). Bien plus, si, dans cette hypothèse, l'une des parties avait fait acceptilation en vue

(1) Ulp., Fr. 4, de cond. caus. dat.
(2) Pomp. et Ulp., Fr. 4 et 5, ff., de accept.
(3) Pap., Fr. 77, de reg. juris.
(4) V. M. Pellat, de la Dot, p. 181, 3.
(5) Ulp., Fr. 43, § 1, ff., de jure dot. — Id., Fr. 6, de cond. caus. dat.
(6) Inst. Just., § 4, quib. mod. oblig. toll. — Paul, Fr. 3, ff., de resc. vend.

d'obtenir sa libération, et que telle eût été l'intention probable de l'autre partie, Paul voyait dans cet acte l'indice d'un mutuel dissentiment qui opérait extinction réciproque, contrairement à l'opinion plus stricte de Labéon (1).

67. Une personne qui se croit à tort débitrice a pu faire un pacte *de non petendo* avec celui qui est réellement son débiteur, pour que celui-ci, à son tour, n'exerce pas sa prétendue créance. On sait que le pacte *de non petendo* n'éteint pas *ipso jure* une dette qui n'est pas formée *consensu*, mais donne seulement lieu à exception. Quoi qu'il en soit, cet effet lui-même ne sera pas produit dans l'espèce, parce que la cause est fausse (2) : *Neque jure ipso liberatur debitor, neque petentem summovebit exceptione conventionis.*

CHAPITRE III.

DE LA CAUSE ILLICITE.

On entend par cause illicite celle qui est contraire aux bonnes mœurs, *turpis*, ou aux lois, *injusta causa.*

68. Peut-il y avoir cause illicite relativement à un acte à titre gratuit ? Il semble que non ; car une libéralité, soit qu'elle consiste dans une constitution de droit réel ou de droit personnel, ou dans l'extinction d'une dette, a toujours pour cause finale le plaisir de rendre service ; or cette cause ne peut être illicite. Il en est autrement des motifs plus ou moins secrets de l'acte ; mais en supposant même qu'on fasse abstraction des motifs exprimés, une libéralité testamentaire a sa raison d'être en elle-même, et subsisterait encore, bien que le testateur eût fait connaître des faits illicites qu'il aurait considérés comme constituant le mobile de sa libéralité.

69. Quoi qu'il en soit, lorsqu'un fait illicite est exprimé *comme la condition* d'une libéralité, il se présente une distinction importante à faire entre les actes de dernière volonté et les actes entre vifs. En ce qui concerne les premiers, la condition contraire aux lois ou aux mœurs

(1) Lab., Fr. 23, ff., de accept.
(2) Ulp., Fr. 51, ff., de pactis.

est considérée comme non écrite, d'après l'opinion des Sabiniens, qui a prévalu. Gaïus avoue, à ce sujet, qu'on n'en aperçoit pas aisément la raison (1) : peut-être cela se rattachait-il à la faveur des testaments, œuvre d'une volonté unilatérale où l'idée de libéralité paraissait prédominer; on se refusait à voir dans le legs ou l'institution d'héritier, une sorte de honteux marché proposé au légataire ou à l'institué; en annulant la condition illicite, restait toujours la libéralité, cause licite suffisante.

Ce qui nous paraît venir à l'appui de cette explication, c'est la nullité des dispositions testamentaires faites *à titre de peine*. En effet, dans ce cas, où l'on reconnaissait que le but du testateur était moins de conférer un bienfait que de frapper ou de contraindre une personne, la cause licite manquait et entraînait dans sa chute la volonté de donner, cause *efficiente* de l'acte (2).

70. Dans les stipulations, toute condition moralement impossible emportait nullité de la créance qu'on avait voulu y subordonner (3).

Si le but illicite à atteindre n'est pas présenté clairement comme une condition de la libéralité, souvent il en sera la seule cause, et alors l'acte dépouille en réalité son caractère de gratuité; il s'agit de récompenser un service honteux : c'est au fond une sorte de marché qui est nul (4).

Examinons successivement le cas où l'acte dont il s'agit est une dation, et celui où il consiste dans une promesse.

Lorsqu'une propriété est transférée dans un but illicite, il peut y avoir *turpitudo* de la part du seul *accipiens*. Ainsi, il aura touché de l'argent pour ne pas commettre un crime; l'acquisition existe valablement et n'est pas nulle *ipso jure;* mais encore bien qu'il eût tenu sa promesse, il sera tenu de restituer ce qu'il ne peut retenir en vertu d'une cause illicite (5). S'il a exigé une somme pour rendre ce qu'il était tenu de remettre par suite d'un contrat de bonne foi, il suffira

(1) Gaius, Comm. 3, 98. — Max. Fr. 31, de oblig. et act., ff.

(2) Ulp. 24, reg. 16. — Afr., Fr. 1, ff., de his qui pœnæ causa.— Gaius, Comm. 2, 235-249.

(3) Gaius, Fr. 1, § 2, ff., de oblig. et act.

(4) Pap., Fr. 123, ff., de reg. juris.

(5) Paul, Fr. 1. — Ulp., Fr. 2, ff., de cond. ob turp.

de l'action du contrat pour l'y contraindre (1), laquelle peut comprendre les intérêts, d'après l'office du juge, à la différence de la *condictio* qui est *stricti juris* (2).

S'il y a *turpitudo* des deux parts, (v. gr.) si de l'argent a été donné à un juge pour l'engager à rendre une sentence injuste, il n'y a pas lieu à *condictio* (3), car, dit-on, *in pari causa possessor potior haberi debet* (4).

71. Quand une promesse a lieu *ex turpi causa*, soit qu'il y ait honte d'un seul côté ou des deux parts, toute action est refusée, on le conçoit, tant qu'il n'y a pas eu exécution; car le pouvoir social ne peut prêter son aide à l'accomplissement d'un fait qu'il réprouve (5). Mais si le créancier a reçu le paiement et qu'il y ait eu *turpitudo* de sa part, il y a lieu à répétition; *secus* si les deux parties sont également en faute (6).

CHAPITRE IV.

SANCTION DES RÈGLES SUR LA CAUSE.

Nous nous proposons de résumer dans ce chapitre les décisions des textes qui se rattachent moins au développement des règles du droit déterminateur sur cette matière, qu'à la sanction relative à la violation des préceptes précédemment posés.

SECTION Ire.

Règles spéciales quant aux preuves.

72. En ce qui concerne la preuve dans les actions nées de la fausse

(1) Paul, Fr. 9, § 1, eod. tit.
(2) Diocl. et Max., C. 4, Cod., h. tit.
(3) Ulp., Fr. 2, § 2 et 4. — Paul, Fr. 3, ff., h. tit. — Ant., C. 2, Cod., h. tit.
(4) Paul, Fr. 128, ff., de reg. jur.
(5) Ant., C. 1. — Diocl. et Max., C. 5, Cod., h. tit.
(6) Ulp. et Pomp., Fr. 6, 7, 8, ff., h. tit.

cause et de la cause illicite, les jurisconsultes ne nous offrent en général aucune décision spéciale; il faut s'en référer au droit commun. Mais l'exception *non numeratæ pecuniæ* présente au contraire une physionomie à part. Ici le défendeur qui invoque la non-réalisation de la cause attendue n'est pas tenu de prouver ce fait; c'est au demandeur à démontrer qu'il a payé les écus dont il s'agit (1). Ce n'est point là une règle applicable toutes les fois qu'une cause finale est en question; ce n'est pas non plus une conséquence de la prétendue maxime qui dispense de prouver un fait négatif (2). Nous adoptons l'opinion la plus commune, d'après laquelle on aurait ici dérogé aux principes en faveur du défendeur, qu'on dispense de prouver, à cause des fraudes assez nombreuses qu'avait occasionnées l'habitude de faire précéder d'une stipulation ou d'un écrit obligatoire l'opération de prêt qui devait engendrer l'obligation. Cela se conçoit; car les formes solennelles dont il s'agit, applicables à toute espèce d'affaire, engendraient par elles-mêmes action, sans exiger l'existence ou la mention de la cause finale de la dette ainsi contractée.

SECTION II.

Caractères des actions ou exceptions usitées en cette matière.

73. Bien que la théorie des nullités se rattache directement au droit sanctionnateur, nous n'aurons, sur ce point, qu'à nous référer aux règles posées dans les chapitres précédents. Elles peuvent se résumer ainsi : le défaut de cause ou la cause illicite n'annulait pas *ipso jure* un acte translatif de propriété; l'acquéreur était seulement tenu d'opérer la rétrocession du droit qui lui avait été conféré; quant aux obligations, il fallait distinguer entre l'absence de cause et la cause illicite. Dans le premier cas, si le contrat était de bonne foi, l'obligation était nulle, *ipso jure*, id est: *sine exceptionis ope;* sinon il y avait lieu soit à une exception, soit à une *condictio incerti*. Lorsque la cause était illicite: *denegandas actiones juris auctoritate demonstratur*.

(1) Ant., C. 3. — Diocl. et Max., C. 10, de non num. pec.
(2) V. M. Ducaurroy, t. 2, nos 1328-9.

Cependant Paul, dans le Fr. 8, Digeste, *de cond. ob turp. causa*, paraît seulement accorder une exception de dol, lorsqu'il s'agit d'un contrat de droit strict ; mais on peut supposer que cette procédure était employée lorsque le fait était nié et que le préteur voulait renvoyer le débat devant le *judex*.

74. Voyons maintenant quels étaient les caractères de ces différentes actions ou exceptions fondées sur l'absence de cause ou sur la cause illicite.

On a déjà dit quelques mots de l'exception *non numeratæ pecuniæ*, exception *in factum*, accordée à l'occasion d'une *falsa causa crediti*, et concurremment avec l'exception de dol. La première n'était concédée primitivement que pendant un an ; si le promettant laissait s'écouler ce délai sans agir par la *condictio* pour obtenir sa libération ou redemander sa reconnaissance (1), ou n'opposait pas l'exception, elle était perdue pour lui. Ce délai fut porté à cinq ans par Dioclétien et Maximien, puis réduit à deux ans par Justinien, qui donna en outre au débiteur un moyen de rendre son exception perpétuelle (2).

75. Quant à l'exception de dol, elle était accordée par le préteur toutes les fois que celui qui intentait une action de droit strict ne pouvait invoquer son droit sans blesser l'équité, soit à raison de fraudes antérieures à la *litis-contestatio*, soit à raison de son obstination à poursuivre une demande dont l'injustice lui était manifestée, v. gr. s'il persistait à vouloir profiter d'une méprise du promettant (3). Ulpien accordait l'exception de dol toutes les fois qu'une stipulation se trouvait sans cause, encore bien qu'il n'y eût pas eu dol lors de la promesse (4). C'est ainsi que le droit prétorien arrive à paralyser en fait, pour défaut de cause, une obligation valable en droit civil. Cette exception est conçue en ces termes : *Si nihil dolo malo factum sit neque fiat*, et laisse à l'appréciation du juge le caractère des faits présentés comme constituant le dol. Ordinairement c'est au défendeur

---

(1) Gordien, C. 15, Cod., de fidej.

(2) C. Greg., C., de caut. et non num. pec. — Inst. Just., lib. 4, tit. 13, § 2, et pr. de litter. oblig. — C. 14, Cod., pr. et § 3, de non num. pec.

(3) V. aussi Inst. Just., liv. 4, tit. 13, § 1. — Paul, Fr. 30, ff., de reb. cred. — Ulp., Fr. 36, de verb. oblig., ff.— Id., Fr. 2, § 3 et 5, et Fr. 4, § 3, Dig., de dol. et met. excep.

(4) Ulp., Fr. 2, § 3, ff., de dol. mal. et met. excep.

à prouver la fraude, ce qui explique l'importance spéciale qui pouvait exister pour lui à invoquer l'exception fondée sur la *causa crediti*, où la preuve incombe au demandeur (1).

76. La *condictio* qui résulte de l'absence de cause, ou de la fausse cause, ou de la *turpis causa* chez l'accipiens, est une action personnelle, civile, *stricti juris*. Lorsque l'*intentio* consiste à *dare oportere* un objet corporel certain, c'est-à-dire désigné dans son individualité, ou seulement dans sa nature et sa quantité, elle est dite *condictio certi*; si l'*intentio* est ainsi conçue : *Quidquid paret dare facere oportere*, c'est une *condictio incerti*.

Mais il y a cette particularité remarquable pour les *condictiones* par lesquelles on demandait la rétrocession de ce qui vous avait appartenu, que les fruits y étaient compris. En effet, il s'agissait d'actions fondées sur ce principe d'équité, que nul ne peut s'enrichir injustement aux dépens d'autrui (2). Mais il en était autrement pour la *condictio indebiti* d'une somme d'argent (3). Quant à la responsabilité de l'*accipiens*, s'il était de bonne foi, il ne devait restituer que ce dont il s'était enrichi (4).

Du reste, remarquons que la *condictio sine causa* pouvait également être intentée dans le cas de prestation de l'indû, puisque l'*accipiens* gardait sans cause ce qui lui avait été livré à titre de paiement (5). En effet, nous ne pensons pas avec Cujas que la *condictio sine causa* n'était accordée qu'à défaut d'autre action ; le Fr. 2 d'Ulpien, ff., de *cond. sine causa*, nous paraît prouver le contraire.

La *condictio sine causa* s'appliquait aussi particulièrement à celui qui avait promis sans cause ; alors il demandait par une *intentio incerti* sa libération (6).

---

(1) V. Gaius, C. 4, 116.

(2) Jul. et P., Fr. 7, § 1, et Fr. 12, ff., de cond. caus. dat. — Paul, Fr. 15, et Fr. 65, § 5, de cond. indeb.

(3) Ant., C. 1, Cod., h. tit.

(4) Paul, Fr. 64, § 7, cond. indeb.

(5) Ulp., Fr. 1, ff., de cond. sin. caus. — Diocl. et Max., Cod., C. 3, de cond. indeb.

(6) Ulp., Fr. 1. — Jul., Fr. 3, ff., de cond. sin. causa.

DEUXIÈME PARTIE.

DE LA CAUSE EN DROIT FRANÇAIS.

CHAPITRE PREMIER.

NOTIONS GÉNÉRALES.

SECTION Ire.

Différents sens du mot CAUSE; *son sens dans les art.* 1108, 1131 *et suivants; sa définition.*

77. La cause est, en général, tout ce qui est productif d'effet. Pas d'effet sans cause; d'où la nécessité de rechercher si l'effet, ou ce qui nous paraît tel, a une cause, afin de reconnaître *s'il existe* ou s'il n'est qu'*apparent*. Le jurisconsulte doit donc, pour savoir s'il y a un effet juridique produit, rechercher s'il s'est trouvé une cause juridique à cet effet.

78. Relativement aux obligations, le mot *cause* a différents sens suivant qu'on se place à un point de vue général ou à un point de vue particulier; en d'autres termes, il importe de distinguer entre les *causes efficientes* des obligations et les *causes finales* ou impulsives relatives à chaque obligation, considérée en elle-même et indépendamment de son origine.

79. Les causes *efficientes* des obligations sont, à proprement parler,

leurs *sources*. Elles peuvent facilement être déterminées en recherchant d'où naissent les obligations. On en reconnaît cinq : le contrat, le quasi-contrat, la loi, le délit et le quasi-délit. Elles peuvent même être ramenées à deux : la *loi*, ou cause directe quand elle commande, ou cause indirecte dans le délit et le quasi-délit, et la *convention*, soit expresse dans le contrat, soit tacite dans le quasi-contrat. C'est dans ce sens de cause efficiente que les anciens jurisconsultes romains ont pris le mot *cause*, lorsqu'ils ont dit des obligations : *nascuntur ex*....

80. Les causes *finales*, impulsives (ou *motifs* en général), sont celles qui déterminent notre volonté, notre consentement, qui nous portent à agir en vue d'un intérêt, d'un avantage, d'un but. Ce sont, par suite, les avantages eux-mêmes que nous nous proposons d'obtenir. C'est l'exercice de la raison appliqué à nos actions juridiques : il n'y a qu'un fou qui puisse s'engager, s'obliger, sans avoir un but. Ces causes peuvent être variées, multiples, difficiles à déterminer *toutes*, parce qu'elles sont soumises aux caprices de la volonté humaine. Mais parmi elles, il en est *une*, déterminante aux yeux de la loi, déterminable à tous les yeux suivant la nature de la convention, immédiate, apparente, source de toutes les autres : c'est elle qui fait l'objet de notre dissertation et que la loi considère, dans l'art. 1108, comme un *élément essentiel* de l'obligation ; c'est *la cause juridique*, en un mot, sans laquelle point d'effet juridique produit.

81. Assistons à la naissance, à la conception de l'obligation.

Remarquons d'abord : que le titre 3 du Code civil a pour objet les règles générales des contrats, mais qu'une partie de ces règles, communes à toutes les obligations, n'a été insérée sous ce titre que parce que la convention est le principe le plus ordinaire de leur formation ; et que la nécessité de l'objet, et notamment de la cause, se retrouve dans toutes les obligations ; car, comme nous l'avons déjà dit pour cette dernière, pas d'effet juridique, c'est-à-dire pas d'obligation, pas de lien de droit sans cause juridique. Il faut reconnaître cependant que les auteurs n'ont généralement traité de la cause qu'au point de vue des obligations conventionnelles.

82. Ceci expliqué, pour suivre l'ordre du Code et le précédent des auteurs, traitons de l'obligation conventionnelle :

L'art. 1108, en indiquant les éléments essentiels de la convention, nous fera connaître (comme cela va ressortir des remarques suivantes) quels sont les éléments essentiels de l'obligation. Nous remplaçons par le mot *éléments* celui de *conditions* employé dans cet article, à cause des différents sens qu'on a donnés à ce dernier (1178). Ces éléments sont au nombre de quatre : le consentement, la capacité, l'objet et la cause. C'est ce dernier qui nous occupera spécialement.

83. Toutefois, il importe de remarquer :

1° Quant au consentement : que la loi n'applique cette condition qu'à la partie qui s'oblige, mais qu'il n'y a rien à en conclure, car il est trop évident qu'il n'y aurait pas même *consentement* (*sentire cum*) si, à la volonté de s'obliger qui existe chez l'une des parties, ne se joignait, n'adhérait pas la volonté de l'autre; de plus, que c'est, il est vrai, un élément essentiel, mais en ce sens seulement que son absence *totale* anéantirait la convention, car quant aux vices qui peuvent l'altérer, la crainte, la violence ou le dol, ils ne font que rendre la convention vicieuse sans l'annuler, et la seule partie dont la volonté n'est pas pure peut demander la nullité pendant dix ans (1304).

2° Quant à la capacité : que c'est à tort que la loi l'a rangée, du moins d'une manière générale, au nombre des éléments essentiels de la convention, car le défaut de capacité ne rend pas généralement le contrat nul, mais seulement annulable.

3° Quant à l'objet et à la cause : que ce sont des conditions d'existence des engagements ou obligations qui doivent naître du contrat, et qu'en conséquence si le contrat est de nature à produire des engagements ou obligations réciproques, chaque engagement ou obligation doit avoir son objet et sa cause, sinon pas de contrat.

86. Des observations que nous venons de faire, il résulte que trois éléments concourent essentiellement à la formation et à l'existence de l'obligation conventionnelle : le consentement, l'objet et la cause. Quant aux obligations qui ont une autre source que la convention, l'objet et la cause en sont encore des éléments essentiels; mais, relativement au consentement, il est tacite dans les obligations qui dérivent du quasi-contrat, et il est suppléé par la nécessité de se soumettre à la loi, dans les obligations qui ont pour causes efficientes la loi, le délit et le quasi-délit. Il doit, lorsqu'il est nécessaire, porter à la fois sur l'objet et sur la cause.

85. Nous avons donc, en dernière analyse, à examiner, pour savoir si une obligation conventionnelle existe, s'il s'est rencontré un objet et une cause licite d'obligation sur lesquels ait porté le consentement exprès ou tacite d'une personne capable de s'obliger.

86. Distinguons la *cause* de *l'objet*.

L'objet de l'obligation, c'est le *quid debetur*, c'est ce qu'on doit faire ou ne pas faire; en un mot, c'est une prestation, un fait ou une abstention. On peut toujours l'exprimer par un infinitif. Il ne faut pas le confondre avec *l'objet du contrat*, du moins dans le sens ordinaire, usuel qu'on donne à ce mot, dans le sens de *chose :* si, par exemple, je vous propose d'acheter votre maison pour un prix de... : l'objet du contrat sera la maison, mais ce contrat produira deux obligations dont les objets seront, pour celle du vendeur, *de me transmettre la propriété*, et pour celle de l'acheteur, la mienne, *de payer le prix convenu*. Dans le contrat de mariage, il n'y a pas d'objet du contrat, de chose, il n'y a que des objets d'obligations. Il en est de même dans l'adoption, dans la tutelle officieuse, etc. A proprement parler, dans le langage juridique, l'objet du contrat c'est, non pas une chose, un être à l'occasion duquel une convention se forme, mais c'est l'objet même de l'obligation. En effet, le contrat n'ayant d'autre but que de produire une ou plusieurs obligations, il a forcément pour objet ce qui fait la matière de l'engagement ou des engagements qui en doivent naître.

87. *La cause de l'obligation*, c'est, pour le législateur, le *cur debetur*, l'avantage immédiat et apparent que la loi présume qu'on veut obtenir en s'obligeant, ou qu'elle a elle-même en vue de conférer à quelqu'un, en imposant l'obligation.

Distinguons aussi la cause de l'obligation de la *cause du contrat*, c'est-à-dire des motifs qui ont pu nous porter à contracter.

La cause de l'obligation, c'est ici comme nous l'avons dit en parlant des différents sens du mot *cause*, quelque chose de fixe, d'apparent, de déterminant aux yeux de la loi, de visible à tous les yeux : nul n'a besoin de la chercher. On a pu, en contractant, passer cette cause sous silence, ne pas même y songer, parce qu'on savait que sans elle, il n'y avait rien de fait, pas d'obligation, pas de contrat, pas de but atteint :

88. La *cause du contrat*, au contraire, ce sont, dans le langage

ordinaire, les motifs particuliers, personnels, qui ont pu nous porter à contracter, c'est quelque chose d'habituellement impénétrable, que du moins on ne fait pas connaître, qu'on sait d'ailleurs ne pouvoir exister, n'avoir d'effet que si la convention, l'obligation, et partant, la cause juridique de l'obligation, existent elles-mêmes. Ainsi, par exemple, j'achète un cheval parce que mon médecin m'a commandé l'exercice; le soin de ma santé sera pour moi la cause du contrat, le motif principal qui m'a déterminé à contracter. Mais si mon médecin s'est trompé, si l'exercice empire mon état, le contrat deviendra-t-il nul, et pourrai-je réclamer le prix que j'ai payé? Non sans doute, parce que la cause de l'obligation que j'ai acquittée (ici la translation de la propriété du cheval), a existé; que je devais me savoir *lié de droit ;* et que peu importait alors que l'avantage médiat, particulier, que je m'étais proposé en contractant, existât ou non. Les motifs, la cause du contrat ne seront donc jamais à examiner (si ce n'est quelquefois dans le droit commercial, au point de vue de la compétence du tribunal). Cependant la fausseté de la cause, du motif du contrat, entraînerait nullité, si l'on en avait fait la condition de la convention, ou s'il y avait eu dol de l'autre partie, ayant porté le débiteur à contracter; mais ce sont là des cas exceptionnels : jamais l'erreur du motif seul n'entraîne la nullité.

89. Cette distinction entre la cause de l'obligation et la cause ou les motifs du contrat ressort-elle toujours suffisamment de la plupart des définitions qui ont été données de la première par les auteurs? Nous ne le pensons pas.

En effet, ces définitions, en disant que la cause de l'obligation est : *ce qui détermine à s'obliger* (1), *le motif déterminant* de l'obligation (2), *le motif qui porte* les parties *à contracter* (3), etc............, semblent établir qu'il suffit, pour qu'une obligation ait une cause légale, que celui qui s'oblige ait un motif raisonnable quelconque pour le faire, motif personnel, variable selon les individus et les circonstances, dont l'appréciation serait abandonnée à la raison de

(1) M. Demante, 2, n° 561.
(2) Toul., t. 6, n° 266.
(3) Delv., t. 2, p. 122.

celui qui s'engage. A ce compte, une obligation ne serait jamais sans cause, car, à moins d'être fou, celui qui consent à s'engager, à se lier, a toujours un motif suffisant qui le détermine à le faire. Ces définitions ne font donc pas assez reconnaître que c'est au point de vue de la loi seule que doit se faire l'appréciation du motif, de l'avantage, qui peuvent être, *à ses yeux*, une cause licite d'obligation. Peu importe que ce motif, cet avantage, aient été ou non envisagés par celui qui veut s'obliger : existent-ils, il y a cause licite d'obligation et partant obligation produite, quelles qu'aient pu être d'ailleurs les raisons, apparentes ou non, immédiates ou non, qui aient déterminé la personne à s'obliger.

Telle a été sans doute la pensée de Zachariæ, qui a défini la cause : « le motif *juridique* que la loi *présume*, selon la nature de chaque convention, être celui qui détermine les parties à s'obliger » (1).

Les définitions que nous venons de citer ne nous semblent donc pas avoir suffisamment séparé la cause juridique, la cause de l'obligation, de ce que nous avons appelé la cause du contrat, les motifs, en un mot.

Remarquons d'ailleurs, et cette remarque est essentielle, qu'elles ne s'appliquent qu'à la cause dans les obligations conventionnelles, et non à la cause dans les obligations qui dérivent directement ou indirectement de la loi.

90. Pour définir la cause de l'obligation d'une manière générale, on pourrait dire que c'est : *le but juridique de l'obligation*, ou bien : *ce qui*, selon la nature de l'obligation, *la rend juste aux yeux de la loi*. Ces définitions auraient l'avantage de convenir à la cause dans toutes les obligations, quelle que soit leur source. Mais elles auraient l'inconvénient d'être trop abstraites, d'avoir besoin d'explication, de ne pas faire connaître assez explicitement en quoi consiste l'objet défini.

Nous nous conformerons donc encore au précédent établi par les au-

---

(1) Zachariæ, t. 2, § 345, note 2.

teurs, qui n'ont considéré la cause qu'au point de vue des obligations conventionnelles, et nous la définirons :

L'avantage immédiat et apparent qui, AUX YEUX DE LA LOI, *détermine quelqu'un à s'obliger.*

91. Toutefois, faisons remarquer ici que dans les obligations qui dérivent de la loi, du délit et du quasi-délit, on ne s'oblige pas, mais *on est obligé*, et la cause n'est plus un avantage qu'on veut obtenir, mais un avantage que la loi entend conférer à quelqu'un, soit en considération de l'utilité sociale, soit en compensation du préjudice qu'on lui a causé. Ce n'est plus l'obligé qui s'impose une obligation en vue d'un avantage, mais la loi qui lui impose une obligation au profit d'un autre.

Maintenant que l'on connaît ce que c'est que la cause, et le rôle qu'elle joue dans la formation de l'obligation, il convient de passer successivement en revue les diverses espèces d'obligations, afin de déterminer quelle est, selon sa nature, la cause juridique de chacune d'elles.

SECTION II.

Quelle est la cause de l'obligation dans les différents contrats.

92. Nous indiquerons la cause juridique des différentes obligations en les classant d'après leurs sources, leurs causes *efficientes*. Nous comprendrons sous un même numéro les délits et quasi-délits qui donnent naissance à des obligations ayant une cause juridique commune.

I. CONTRATS.

93. La cause peut être envisagée sous deux points de vue différents, et donner lieu à deux divisions particulières :

1° Consiste-t-elle dans un avantage à acquérir, un *but matériel*, fixe, pécuniaire à atteindre, elle est relative à un *contrat intéressé*; consiste-t-elle dans la *bienfaisance*, elle est relative à un *contrat à titre gratuit;*

2° Et, en cas de contrats intéressés, consiste-t-elle dans une *obligation que s'impose* un tiers, il y a *contrat synallagmatique*; est-elle *toute autre chose*, il y a *contrat unilatéral*.

1° Intéressés.

Les contrats intéressés sont synallagmatiques lorsqu'on y rencontre dualité d'obligation, et unilatéraux s'il ne s'y trouve qu'une obligation ; ils ont cela de commun, qu'on y reconnaît pour les parties *réciprocité* d'avantages, à la différence des contrats de bienfaisance, où l'avantage n'existe qu'au profit de l'une des parties.

On peut dire en général que dans les contrats intéressés, le débiteur qui s'oblige a toujours pour but immédiat, juridique, soit l'acquisition d'une créance, soit l'acquisition d'un droit réel, soit tout à la fois l'acquisition d'une créance et d'un droit réel, soit enfin l'extinction d'une obligation préexistante. Ce but immédiat est donc la cause dans tous les contrats à titre onéreux.

95. Dans les contrats synallagmatiques, c'est-à-dire dans lesquels il y a réciprocité d'obligations, chacune des obligations sert de cause à l'autre, ou, en d'autres termes, les deux obligations se trouvent réciproquement causes l'une de l'autre. Exemple, la vente.

Le contrat synallagmatique est commutatif, si la *cause* de son obligation consiste, pour chaque partie, dans un *avantage fixe* que l'autre partie doit lui procurer. Il est aléatoire si la *cause* de chaque obligation consiste dans une *chance* de gain ou de perte (1104 et non 1964), reposant sur un événement incertain.

Dans la transaction, la cause de l'obligation de chaque partie consiste dans l'engagement pris par l'autre partie de ne pas paraître en justice, de ne pas plaider (*hoc ipsum quod a lite disceditur causa videtur esse*) (1). Peu importent les motifs qui aient porté quelqu'un à s'obliger en vue d'un pareil engagement.

96. Dans les contrats unilatéraux, c'est-à-dire ceux où il y a unité d'obligation (prêt à intérêt, etc.), la cause de l'obligation d'une partie consiste dans l'acquisition du bénéfice que lui procure l'autre partie. Là, la cause de l'obligation est toute autre chose qu'une autre obligation, à la différence de ce qui a lieu dans les contrats synallagmatiques. Elle peut consister, soit dans un fait accompli, exemple : l'obligation du créan-

(1) L. 65, ff., cond. indeb.

cier-gagiste (de rendre le gage), de l'emprunteur, etc. ; soit dans une obligation antérieurement imposée à celui qui contracte un nouvel engagement pour l'éteindre (novation) ; soit dans une obligation naturelle.

2° De bienfaisance.

97. Dans les contrats de bienfaisance, c'est-à-dire ceux où l'avantage n'existe, du moins aux yeux de la loi, qu'au profit de l'une des parties, et lui est conféré gratuitement par l'autre, la cause de l'obligation du bienfaiteur est la satisfaction morale qu'il éprouve à faire le bien : la loi civile devait, en effet, reconnaître et sanctionner un sentiment si juste et si conforme au droit naturel : *nihil tam naturale est quam hominem homini benefacere*, dit Sénèque (*de benef.*).

Et peu importe que la bienfaisance émane du débiteur ou de créancier.

Elle émanera du débiteur, dans le cas, par exemple, d'obligation de vous donner 10,000 fr. *dans un mois*, de travailler pour vous gratuitement ou pour un salaire peu appréciable, de garder la chose d'autrui, de vous promettre une chose pour vous en laisser user, de constituer un gage, un cautionnement, une antichrèse, etc.

Elle émanera du créancier, dans le cas suivant, par exemple : je vous prête une somme sans intérêt, ou mon cheval, pour un temps ; vous serez obligé de me rendre la somme ou le cheval; le bienfait vient de moi, créancier; la cause de l'obligation du débiteur est la nécessité de rendre l'objet qu'il a reçu à l'échéance du terme, qui est la limite de la générosité du prêteur.

II. Quasi-contrats.

98. Les obligations qui dérivent des quasi-contrats ont pour cause efficiente le fait qui leur a donné naissance, le fait d'avoir reçu indûment, ou d'avoir géré sans mandat les affaires d'autrui.

Quant aux causes finales, juridiques, de ces obligations, elles ne consistent plus dans un but, un avantage que veut se procurer l'obligé, mais dans un but que s'est proposé le législateur et qu'il force l'obligé à réaliser : ce but, c'est, dans les exemples de quasi-contrats que nous venons de citer, ou la *restitution* des sommes reçues indûment, ou la *réparation* du dommage que nous avons pu causer à une personne en gérant sans mandat ses affaires, restitution et réparation fondées sur ces principes d'équité naturelle, que : nul ne peut s'enrichir *injustement* aux dépens d'autrui, et que : quiconque par son fait cause un dommage à autrui, est tenu de le réparer (1382-1383). Dans le quasi-contrat de gestion d'affaires, ce but que se propose le législateur, cette cause finale de l'obligation, entraîne comme conséquence la nécessité par l'obligé de rendre compte (1).

III. Délits et quasi-délits.

99. C'est aussi en vertu des principes que nous venons d'énoncer que les obligations résultant des délits et des quasi-délits ont pour cause la réparation des torts que nous avons occasionnés, même par simple imprudence ou par négligence ;

« Et, comme nous sommes responsables des personnes et des choses que nous avons sous notre garde, cette responsabilité peut engendrer des obligations dont la cause juridique sera la réparation du dommage que ces personnes ou ces choses pourraient avoir causé à autrui (2). »

IV. La loi.

100. Quant aux obligations qui résultent de l'autorité seule de la loi, telles que celles entre propriétaires voisins, ou celles des tuteurs et des autres administrateurs qui ne peuvent refuser les fonctions qui leur sont déférées, elles ont pour cause juridique l'avantage de tous, la nécessité de vivre en société et de concourir par des concessions réciproques au bonheur commun.

« C'est ainsi que l'utilité publique est la cause d'une multitude d'obligations, comme celles de payer les impôts, de faire le service mili-

(1) M. Duranton, t. 10, n° 330.
(2) M. Duranton, t. 10, n° 332.

taire, suivant les lois portées à cet égard; de céder, moyennant une juste indemnité, sa propriété à l'État, ou même à une commune. On trouve, au titre des servitudes et dans d'autres lois, un grand nombre d'obligations qui ont aussi pour cause l'utilité publique, et qui sont même établies dans l'intérêt immédiat des particuliers. Mais ce sont plutôt des charges imposées par la loi à la propriété, que de véritables obligations personnelles » (1).

CHAPITRE II.

DE L'ABSENCE DE CAUSE.

SECTION Ire.

De l'absence de cause relativement à la translation de la propriété.

101. Nous n'avons jusqu'ici parlé de la cause que pour la définir, et seulement à l'occasion du rôle qu'elle joue dans l'obligation comme élément essentiel. Avant de rechercher les conséquences de la nécessité d'une cause licite dans l'obligation, et pour que nous puissions traiter des effets de l'absence de cause d'une manière générale et qui s'applique à tout phénomène juridique, il importe d'examiner d'abord si la cause est un élément essentiel de la translation de la propriété. Nous traiterons ensuite de son absence dans les obligations, et nous terminerons ce chapitre en démontrant qu'elle est aussi un élément essentiel dans les actes juridiques extinctifs de droits personnels.

Occupons-nous de la première question.

102. Chez les Romains, nous avons vu qu'à l'origine on ne se préoccupait que de la cause efficiente, et même le droit prétorien, en finissant par admettre la doctrine de la cause finale, n'a jamais porté l'innovation jusqu'à en faire une condition essentielle de la translation de la propriété : ses réformes n'ont, en effet, abouti qu'à faire naître chez l'acquéreur, au profit de celui qui avait opéré une dation sans cause, une obligation de rétrocéder la propriété, une *condictio*.

---

(1) M. Duranton, t. 10, n° 333.

103. Dans notre ancien droit, ce dernier résultat est aussi le seul auquel on soit parvenu, comme on peut s'en convaincre en lisant Pothier au n° 174 de son traité de la *Condictio indebiti*. « Le paiement fait par erreur, dit-il, contient une aliénation. Celui qui a payé la chose cesse d'en être propriétaire et ne peut la revendiquer. » Il accorde, il est vrai, une action *rescisoria utilis in rem* dans un cas particulier, mais il la refuse à l'acquéreur de bonne foi de la chose payée par erreur, et d'ailleurs cette action est *rescisoire :* donc la propriété avait été transmise sans cause.

104. Le Code a-t-il résolu cette question, du moins implicitement : c'est ce qu'il s'agit de rechercher. Nous avons fait pressentir, il est vrai, qu'à notre sens, le législateur avait reconnu la nécessité d'une cause finale dans tout phénomène juridique, mais on est forcé de reconnaître qu'il ne l'a fait explicitement que relativement à l'obligation (*une cause licite dans l'obligation*... 1108, — *l'obligation sans cause*... 1131).

La difficulté s'élève en pratique au sujet de l'art. 1380, qui porte qu'en cas de chose indûment payée, « si celui qui a reçu de bonne foi a vendu la chose, il ne doit restituer que le prix de la vente. » — On s'est demandé si l'action de celui qui a payé l'indû est personnelle ou réelle, si elle n'est donnée que contre l'*accipiens* pour obtenir la restitution de la chose ou du prix qu'il en a reçu, ou si elle est donnée même contre les tiers et pour revendiquer la propriété. La solution de cette question est subordonnée à celle que nous avons à résoudre, celle de savoir si la translation de la propriété peut s'opérer sans cause ; car si l'on répond négativement, il est clair que dans l'hypothèse de l'art. 1380, la propriété n'ayant pu être transférée, le *solvens* peut la revendiquer partout où elle se trouve.

105. Plusieurs systèmes sont en présence :

Certains jurisconsultes admettent complétement la doctrine du droit romain, et ne voient ici, dans tous les cas, qu'une obligation entre l'*accipiens* et le *solvens*. Ils devraient au moins faire une distinction entre le tiers-acquéreur de bonne ou de mauvaise foi, et décider que ce dernier serait tenu, comme l'*accipiens*, de la restitution de la chose, car il est son complice et ne peut se prévaloir de son dol; or la restitution serait la réparation naturelle de sa fraude.

D'autres jurisconsultes soutiennent une autre théorie : selon eux, l'*accipiens* a bien été propriétaire de la chose, mais il en est aussitôt devenu débiteur, en vertu de l'art. 1376 ; or, l'obligation de donner, disent-ils, retransfère immédiatement la propriété, d'après le nouveau principe du Code (711-1138), toutes les fois qu'il s'agit d'un corps certain ; d'où ils concluent que le *solvens* pourra revendiquer entre les mains des tiers-acquéreurs, une propriété que l'*accipiens* n'aurait pas pu leur transmettre. Mais c'est là changer singulièrement la portée de l'innovation qu'on invoque ; car elle a eu pour seul résultat de rendre consensuelle et immédiate, la tradition, qui jusqu'alors devait être réellepour consommer la translation de la propriété. Cette innovation aboutit, en dernière analyse, à rendre *translative* de la propriété des corps certains *la convention* elle-même, mais non l'obligation de donner résultant d'un quasi-contrat. La tradition est supprimée de fait, mais encore faut-il qu'il y ait convention pour qu'il y ait translation ; or on voit bien la convention de transférer la propriété du *solvens* à l'*accipiens* ; mais admettre qu'immédiatement prend naissance la convention contraire, c'est tout simplement nier que la première ait existé : que devient donc ce système ? Ce serait là d'ailleurs une législation pour le moins bizarre, que celle qui ferait ainsi voyager la propriété. De plus, pendant l'instant de raison où l'*accipiens* aurait été propriétaire, des droits réels démembrés de la chose auraient pu s'éteindre par confusion, ou d'autres droits réels seraient peut-être venus la frapper en sa personne : en quel état donc la chose retournerait-elle entre les mains du *solvens* ?

106. Un troisième système, que nous nous proposons de soutenir, consiste à dire que la cause est un élément essentiel de la translation de la propriété, et que, dans l'hypothèse qui nous occupe, la propriété n'a jamais été transférée pour absence de cause ; de sorte que le *solvens* pourra la revendiquer entre les mains de toute personne. Reste donc à démontrer la vérité de notre première proposition. Mais avant de le faire, il convient de réfuter quelques raisons qu'on a données (1) à l'appui de ce troisième système.

On a soutenu que le *solvens* reste propriétaire parce que l'*accipiens*

(1) Mourlon, 2e ex., p. 756.

ne saurait dire qu'il a acquis la chose à titre de paiement ou de donation ; mais c'est répondre à la question par la question ; car c'est affirmer, sans le démontrer, que l'on ne saurait acquérir la propriété, en obtenir la translation, qu'à un titre quelconque, onéreux ou gratuit, et non en vertu de la convention seule ; en un mot, qu'il faut une cause finale à la translation de la propriété ; or, c'est ce qu'il faut prouver d'abord. On ajoute, pour arriver à ce résultat, que « toute *convention* sans cause ou sur fausse cause est nulle (**1131**). » **Mais** c'est là, pour le besoin de la discussion, changer le sens et *la lettre* de l'art. **1131**, qui porte : « *L'obligation* sans cause..., etc., » et non la convention. Cherchons donc d'autres raisons pour démontrer la nécessité d'une cause dans la translation de la propriété.

107. La première qui se présente à nous est la raison philosophique. L'esprit se refuse à comprendre qu'un effet juridique ait été produit sans une cause finale réelle, déterminante de la volonté libre des parties. C'est, après tout, ce qu'avaient admis même les Romains et tous nos anciens jurisconsultes, puisqu'ils en étaient arrivés à paralyser l'effet des phénomènes juridiques produits par des causes civiles, mais dépourvus de causes finales. Esclaves de la loi civile ancienne, ils en respectaient les effets, sauf à fournir des moyens nouveaux de les paralyser. N'eût-il pas été plus rationnel de poser comme règle ce qu'on était forcé de reconnaître indirectement comme tel ? Or, c'est ce qu'ont fait, selon nous, nos législateurs modernes, novateurs plus hardis et plus indépendants : cela est de toute évidence quant au phénomène juridique appelé obligation (**1108** et **1131**). Ne serait-ce pas alors leur accorder peu de logique que de prétendre qu'ils n'ont pas voulu faire porter l'innovation jusque sur les autres phénomènes juridiques : la translation de propriété et l'extinction des obligations ?

108. Mais nous allons plus loin, et nous voulons trouver dans la lettre même du Code la preuve que nos législateurs ont eu la pensée que nous leur attribuons, d'appliquer à tous les phénomènes juridiques les règles générales relatives à la formation des obligations. La rubrique du titre III, liv. 3 (*des contrats* (*conventions*) ou *des obligations conventionnelles*) ; la rubrique du chap. 2 de ce titre : *Des conditions essentielles pour la validité des* CONVENTIONS, où il est question des conventions *in genere* ; la place occupée par le titre III, dans le livre 3, intitulé : *Des manières d'acquérir;* les textes des art. 1109, 1117, 1128 et 1132, qui parlent indifféremment de *convention* ou obligation : tout nous semble venir à l'appui de notre assertion sur la pensée qu'ont eue les législateurs (1). N'est-il pas évident que les trois premières conditions dont parle l'art. 1109 s'appliquent, dans l'esprit du Code, aux conventions extinctives de créances ou translatives de propriété? Pourquoi pas alors la quatrième condition? Nous avons dit, et plusieurs systèmes conduisent à ce résultat, que la convention est translative de propriété : en effet, elle engendre l'obligation de donner (938, 1138), qui engendre elle-même l'obligation de livrer (1136), laquelle est parfaite, c'est-à-dire exécutée, par le seul consentement des parties. Donc, *l'obligation de livrer est* nécessairement et implicitement *contenue* dans la convention de transférer la propriété; elle est concomittante, il est vrai, avec le consentement, de sorte qu'on peut dire d'une certaine manière que c'est le consentement qui transfère; mais il n'en est pas moins certain que l'esprit peut l'en détacher, la considérer comme une conséquence instantanée et réalisée immédiatement de ce consentement, comme une idée *intermédiaire* entre la convention et la translation. *Or, cette obligation doit avoir une cause* (1108), et cette cause est précisément celle de la translation de propriété; donc, si la translation n'a pas de cause, l'obligation tacite et instantanée de livrer résultant de la convention n'en a pas, et la convention elle-même, ne produisant pas son effet nécessaire, est nulle.

109. Il nous reste à faire valoir un dernier argument tiré de l'art. 1381 : « *Celui,* dit cet article, *auquel la chose est restituée,* doit tenir compte (AU POSSESSEUR), même au *possesseur* de mauvaise foi, de toutes les dépenses nécessaires et utiles qui ont été faites pour la conservation de la chose. » Le mot *possesseur*, en matière de restitution, n'est-il pas toujours opposé à celui de *propriétaire ?* Or, la restitution se fera évidemment à celui qui a payé par erreur ; donc, le législateur l'a considéré comme étant resté propriétaire.

On nous opposera que l'art. 1380 implique au contraire que le *solvens* n'a qu'une action personnelle ; mais nous répondrons que cet article ne règle que les rapports du *solvens* à l'*accipiens*, lorsque

(1) Dans ce sens, M. Duranton, t. 10, n° 9, 10 et 11.

celui-ci a vendu la chose, et qu'il n'implique pas que le premier ne puisse revendiquer la chose entre les mains du possesseur ; la revendication nous semble au contraire admise par l'art. 1381. D'ailleurs l'art. 1380 trouvera son utilité si la chose vendue était mobilière, ou si le tiers-acquéreur de bonne foi, dans le cas où elle était immobilière, l'a possédée pendant dix ou vingt ans; car, dans ces deux hypothèses, le *solvens* n'aurait aucune action contre lui.

Tenons donc pour certain que la translation de la propriété ne peut s'opérer sans cause.

SECTION II.

De l'absence de cause relativement aux obligations.

110. L'art. 1131 porte : « L'obligation *sans cause, ou sur fausse cause,* ou sur une cause illicite, ne peut avoir aucun effet. »

Voyons s'il y a lieu, et sous quel rapport, de distinguer entre l'absence de cause et la fausseté de la cause :

La règle, c'est qu'il faut à une obligation, pour qu'elle existe, une cause, un but juridique ; or la cause *ne peut exister que vraïe;* si elle est fausse elle est nulle, elle n'existe pas, elle est absente : il est donc vrai de dire, logiquement parlant, que l'absence de cause et la fausseté de la cause sont la même chose. En d'autres termes : l'obligation qu'on envisage a-t-elle un but juridique, licite et accessible, il y a cause, et partant obligation; peu importe que ce but ait été indiqué ou non, pourvu qu'il existe, peu importe qu'on ait attribué à l'obligation une cause mensongère, s'il en existe une véritable.

111. Le législateur aurait donc pu se borner à dire : l'obligation sans cause ou sur une cause illicite ne peut produire aucun effet.

Comment se fait-il donc qu'il ait parlé de la fausse cause ? Quelle a pu être sa pensée ?

C'est là une question difficile à résoudre et qui a donné lieu à plus d'un système.

112. Dans un premier système, certains jurisconsultes ont pensé que la distinction entre l'absence de cause et la fausseté de la cause n'était relative qu'à une question de preuve. Il importe, en effet, au point de vue de la preuve de son existence, de distinguer si la cause, exprimée explicitement ou implicitement dans la convention, ou plutôt dans l'écrit qui la constate, est vraie ou fausse.

113. Dans un second système, on prétend que la fausse cause est une cause feinte, une cause *simulée*, qui en cache une illicite. Mais bien qu'une fausse cause ait été indiquée, s'il arrivait, ce qui est possible, que la véritable fût licite, l'obligation ne serait-elle pas valable? Or, que signifierait l'art. **1131**, qui déclare nulle l'obligation sur fausse cause?

114. Un troisième système consiste à dire que la fausse cause est une cause qui n'existe que dans la pensée des parties, des contractants, une cause *imaginaire* en un mot. Puis l'on raisonne ainsi : « Il n'y a aucune différence entre l'obligation sans cause et l'obligation sur fausse cause. Comment en effet supposer qu'une personne consente à s'obliger si elle ne se propose quelque but qu'elle veut atteindre? Il n'y a qu'un fou qui puisse consentir à s'obliger ainsi. La première hypothèse que prévoit la loi rentre donc nécessairement dan la seconde : celui qui s'oblige le fait toujours dans un but qu'il veut atteindre, mais il est possible que ce but ne puisse pas être atteint (1). »

Ne serait-il pas plus logique et plus naturel de faire, comme nous l'avons fait plus haut, rentrer la seconde hypothèse dans la première, et de dire : l'obligation est sans cause lorsqu'elle n'a pas de cause, et l'obligation n'a pas de cause lorsque sa cause est fausse, n'existe que dans la pensée des contractants, est *imaginaire?*

D'ailleurs on pourrait faire à ces trois systèmes une même objection: c'est qu'ils ne justifient en rien la rédaction de l'art. **1131**.

115. Il nous semble cependant qu'on pourrait donner de cette rédaction une explication plausible : c'est ce que nous allons essayer de faire en présentant un système qui nous paraît justifier le législateur et indiquer quelle a été sa pensée.

Remarquons d'abord qu'il est de toute évidence que les parties doivent être d'accord sur la cause qu'elles attribuent à l'obligation, car autrement il n'y aurait pas consentement, *in idem placitum consensus.* Reconnaissons ensuite qu'il n'a pas pu venir à l'idée du légis-

(1) Mourlon, 2ᵉ ex., p. 485.

lateur, en parlant de l'absence de cause, de supposer qu'une personne *ait voulu* s'obliger sans cause, ce qui serait un acte de folie, ou que les parties aient été d'accord sur une cause qu'elles savaient impossible, inexistante ou illicite. De ces remarques, nous concluons que l'*absence de cause et la fausseté de la cause sont toujours le résultat d'une erreur*.

Les auteurs reconnaissent bien, il est vrai, que l'erreur tombant sur la cause de l'engagement le rend nul; mais ils en donnent pour raison, tantôt que c'est parce que la cause est nulle, et tantôt parce qu'elle est fausse (1). Quant à distinguer ces deux conséquences et en justifier la distinction, c'est ce qu'ils ne font pas, et que nous croyons pouvoir faire dans notre système.

116. Ce système consiste à dire, en s'appuyant sur les remarques que nous venons de faire, que là où se rencontre l'*erreur de fait* sur la cause, il y a *absence de cause*, et là où l'on reconnaît qu'il y a *erreur de droit* il y a *fausse cause*. En d'autres termes, considérons l'obligation à sa naissance ou plutôt au moment où elle semble se former :

Est-il *moralement* possible alors, en invoquant une *erreur de fait*, et non un moyen de droit, de démontrer qu'on s'est trompé sur l'existence de la cause, que cette cause n'existe pas en fait; il y a *absence de cause*. « Lorsque la cause de l'obligation, dit M. Duranton (2), est *un fait* qui n'existe point, *qui a été jugé n'avoir pas existé*, il n'y a *point de cause* de l'engagement, quoiqu'une cause ait été exprimée dans l'acte; car une cause faussement exprimée, quand d'ailleurs il n'y en a point de réelle et de licite, n'empêche pas que l'obligation *ne soit sans cause*. »

Est-il, au contraire, ou pourrait-il être impossible de démontrer, en se fondant sur une erreur de fait, sur un fait matériel, la non-existence de la cause, et n'arrive-t-on qu'après l'essai infructueux d'obligation et en invoquant une *erreur de droit*, à prouver que ce qu'on avait considéré et pu raisonnablement considérer comme une cause n'en était pas une; il y a *fausse cause*, cause apparente léga-

(1) M. Dur., t. 10, n°ˢ 361, 111, 137, 128. — Toull., t. 6, n°ˢ 170, 61 et suiv.
(2) M. Dur., t. 10, n° 348.

lement, puis reconnue fausse. Et l'on comprend que l'obligation ainsi consentie sur une fausse cause soit déclarée nulle, car on ne conteste plus que l'erreur de droit n'annule la convention aussi bien que l'erreur de fait.

117. Ainsi nous considérons l'obligation comme *sans cause :*

1° Lorsqu'une cause n'a jamais existé. Par exemple :

L'obligation de l'acheteur de payer le prix, si la maison qu'il croit acheter a été incendiée la veille du contrat, ou si on lui a vendu la chose d'autrui; car dans ces cas la translation de la propriété, cause de son obligation, n'existe pas (1).

L'obligation contractée en vertu d'un testament qui se trouvait révoqué par un autre dont on ignorait l'existence au moment où l'obligation a été consentie en exécution du premier (2).

L'obligation contractée pour réparation d'un délit, si ce délit est reconnu non existant, etc. (3).

2° Lorsque sa cause a cessé d'exister. Ainsi :

La reconnaissance souscrite par erreur d'une dette déjà acquittée.

Toutefois, il faut distinguer à cet égard entre les contrats de bienfaisance et les contrats intéressés. Les premiers sont résolus lorsque la cause vient à cesser, même depuis le contrat. Ainsi, l'obligation de fournir des aliments s'éteint à la mort du créancier. Le prêt fait en considération de l'emprunteur et à lui personnellement, se résout à sa mort, et ses héritiers ne peuvent continuer de jouir de la chose prêtée (1879). Quant aux contrats intéressés, il faut distinguer encore entre les conventions qui ne contiennent qu'une seule obligation contractée pour la totalité, et consommée au moment où le contrat est formé, et les conventions qui contiennent plusieurs obligations se renouvelant successivement. Ainsi, la vente ne contient, de la part de l'acheteur, qu'une seule obligation, celle de payer le prix ; si la chose périt après la perfection du contrat, le prix n'en devra pas moins être payé. Au contraire, dans les conventions contenant des obligations successives,

---

(1) Toull., 6, n° 170.
(2) M. Dur., 10, n° 111.
(3) Toull., 6, n° 169.

telles que le louage, l'assurance contre l'incendie, la cessation de la cause fait cesser l'obligation du locataire, de l'assureur (1).

3° Lorsque sa cause, dépendant de l'avenir, ne s'est pas réalisée, ainsi :

Une donation souscrite en faveur d'un mariage qui n'a pas lieu;

Un billet souscrit pour vente d'office, si le souscripteur n'est point investi de la charge (2).

118. Et nous considérons comme reposant sur une *fausse cause*, toutes les obligations qui n'ont été consenties que par suite d'une *erreur de droit;* ainsi :

J'ai été institué légataire de Paul à la charge de vous donner dix mille francs, je souscris un billet par lequel je m'engage à vous les remettre ; plus tard le testament, que je croyais valable, est annulé pour vices de forme : mon engagement n'ayant qu'une *cause fausse* ne produit aucun effet (3).

Il en est de même d'un partage fait avec des personnes considérées *par erreur de droit* comme ayant droit à une succession (4).

De même aussi dans les deux exemples suivants : « Le débiteur d'un corps certain, de tel cheval par exemple, qui est venu à périr par cas purement fortuit, et avant toute mise en demeure, s'est obligé, dans l'ignorance de la loi qui le libérait (art. 1234 et 1302), à payer au créancier la somme de trois cents francs à la place du cheval, ou lui a payé cette somme. Ou bien encore, l'un des héritiers du débiteur d'une somme de ....., ignorant la disposition de la loi qui divise les dettes entre les héritiers dans la proportion de la part héréditaire de chacun d'eux (art. 1220), s'est obligé envers le créancier à lui payer toute la dette, ou la lui a effectivement payée (5). »

Dans tous ces cas, l'obligation ou le paiement n'ayant eu d'autre cause qu'une erreur de droit, doivent être annulés comme reposant sur une *fausse cause*.

---

(1) Toull., 6, n°s 172, 173. — M. Dur., 10, n° 376.
(2) Paris, 13 fév. 1837.
(3) Toull., 6, n° 170.
(4) Toull., n°s 69 et 61.
(5) M. Dur., 10, n°s 127, 128.

119. Mais on fera sans doute à notre système cette objection :

Après tout, dira-t-on, que l'erreur sur la cause soit une erreur de droit ou une erreur de fait, peu importe : dans le premier comme dans le second cas, l'obligation sera sans cause, il est donc inutile de distinguer entre les deux hypothèses.

Oui, sans doute, pour être rigoureux; aussi avons-nous reconnu en commençant cette discussion que le législateur aurait pu, relativement à la nullité résultant de l'art. 1131, ne pas parler de la fausse cause. Mais qu'on n'oublie pas que nous cherchons à expliquer comment il se fait qu'il en ait parlé ; or, il est vrai de dire que dans le cas d'erreur de droit, la cause est du moins apparente, vraisemblable, non subordonnée à l'examen d'un fait matériel ; qu'il peut se faire qu'au moment où l'on contracte rien n'en puisse faire reconnaître la nullité ; que l'erreur où l'on est peut conséquemment être invincible et n'être reconnue que par suite de faits postérieurs. On peut même dire, sous un certain rapport, qu'*il y a une cause*, savoir : le sens donné à la loi, et que cette cause est *fausse*, parce que ce sens n'est pas le véritable.

120. Mais nous irons plus loin, et nous donnerons un but, une utilité à cette rédaction de l'art. 1131 : c'est de confirmer cette thèse aujourd'hui reconnue, que l'erreur de droit est, comme l'erreur de fait, une cause de nullité des conventions. Telle a été, selon nous, la pensée du législateur en rédigeant cet article, et cette pensée, il l'a puisée chez les anciens auteurs.

121. Domat, notamment, auquel nos législateurs ont fait de si fréquents emprunts, enseigne que : « si l'ignorance ou l'erreur de droit est telle qu'elle soit la cause unique d'une convention où l'on s'oblige à une chose qu'on ne devait pas, *la cause se trouvant fausse*, l'obligation est nulle (1). »

122. Voyons, d'ailleurs, si nous ne trouverons pas quelque appui à notre système chez les auteurs modernes :

Ils sont d'accord pour reconnaître que l'erreur de droit annule la convention lorsqu'elle porte sur sa cause ; ils reconnaissent aussi que la question peut s'élever au sujet de l'art. 1131. Seulement ils n'en

---

(1) Domat, l. 1, tit. 18, n° 14.

tirent aucun argument pour l'explication de notre article. Les uns se bornent à dire que l'absence de cause et la fausseté de la cause sont la même chose, qu'il n'y a pas lieu de distinguer ; les autres condamnent absolument les mots *sans cause* de notre article, et raisonnent ainsi : La fausse cause est celle sur laquelle les parties ne sont pas d'accord par erreur de fait ou de droit ; les mots *sans cause* ne se conçoivent pas, n'ont aucun sens, sont un pléonasme, à moins de supposer la folie, ou bien d'entendre le texte d'une cause impossible, sur laquelle les parties se seraient accordées. Donc nous sommes d'accord avec les auteurs sur un point, savoir, que la question d'erreur de droit est implicitement traitée dans l'art. 1131 ; mais nous différons d'opinion avec eux sur le cas qu'il faut faire des mots *sans cause;* nous ne condamnons pas si facilement les rédacteurs du Code, et c'est précisément parce que nous n'admettons pas qu'ils aient eu en vue les actes de folie ou de mauvaise foi, que nous prétendons que leur pensée a été d'appliquer ces mots à l'erreur de fait, tandis qu'ils inséraient les autres en vue de l'erreur de droit. Qu'est-ce, en effet, qu'une cause matérielle détruite par un fait, sinon le néant, l'absence de cause ? Un fait détruit par un fait n'existe pas, et l'obligation qui l'avait, par erreur, pour cause, est absolument sans cause. Mais en est-il de même au sujet de l'erreur du droit ? La question était controversée, puisque même les auteurs modernes ont pris le soin de la discuter et d'établir que l'erreur de droit vicie la cause. On voyait donc une cause, *du moins apparente,* dans une interprétation même erronée donnée à la loi, et c'est cette cause que les rédacteurs du Code ont déclarée *fausse*.

Ne trouvons-nous pas tous les éléments de notre théorie dans Toullier : il semble vraiment l'avoir reconnue, et n'avoir manqué qu'à la formuler. En effet, pour exemples d'absence de cause, il donne précisément les trois premiers que nous avons cités en exposant notre système (1), et il présente comme exemple de *fausse cause* le premier que nous avons cité dans le même sens, reposant, dit-il, sur une *erreur de droit*. Puis, dans une note à ce sujet, il renvoie à un autre exemple de convention fondée, dit-il, *sur une fausse cause, sur une erreur*

(1) Toull., 6, n° 168.

de droit. Enfin, il ajoute : « On ne peut pas dire en ce cas qu'une obligation sans cause et celle sur une fausse cause soient la même chose : l'art. 1131 s'exprime donc avec exactitude en disant que l'obligation sans cause *ou sur fausse cause* ne peut avoir aucun effet (1).

Ne sommes-nous pas complétement d'accord avec M. Demante, qui dit (2) : « L'engagement est sans cause, soit qu'il n'en ait jamais existé, ou qu'elle ait cessé, ou que, dépendant de l'avenir, elle ne se soit pas réalisée ; il est sur fausse cause, lorsque la cause n'est qu'apparente et n'existe conséquemment que dans la pensée des contractants ». M. Demante ne dit pas, il est vrai, que la cause ne puisse être apparente que dans les cas d'erreur de droit ; mais n'avons-nous pas démontré qu'en réalité tous les cas d'erreur de fait rentrent dans les trois catégories d'absence de cause ?

123. Mais il est un point sur lequel nous ne pouvons partager l'opinion de MM. Toullier et Duranton. Tout en reconnaissant que l'erreur de droit annule la convention pour absence de cause, lorsque cette erreur en a été le seul fondement, la cause principale, ces auteurs refusent d'admettre la nullité de l'obligation ou du paiement, *nonobstant l'allégation de l'erreur de droit*, « lorsqu'*on trouvera* (dit M. Duranton, n° 129) dans l'obligation ou le paiement une cause puisée dans les principes de l'équité naturelle » ; ou bien « si le contrat (dit M. Toullier, n° 68) *pouvait* avoir pour motif de satisfaire une obligation imparfaite ou un devoir naturel. »

Il ne suffit pas, selon nous, pour qu'on les maintienne, que l'obligation ou le paiement dont l'annulation *est demandée pour erreur de droit*, puissent d'ailleurs avoir une cause équitable ; il faut que cette cause soit *volontairement* reconnue (1235) par le débiteur, que celui-ci vienne ainsi détruire la présomption de nullité résultant de l'erreur de droit ; or, c'est précisément le contraire qui a lieu, puisque ce débiteur invoque lui-même la nullité de l'obligation ou du paiement, en se fondant sur cette erreur. Valider, en ce cas, l'obligation ou le paiement, bien qu'on invoque l'erreur de droit, ne serait-ce pas, comme le dit (pour s'y opposer) M. Toullier, au n° 63 : « convertir ainsi les obli-

(1) Toull. 6. n° 170.
(3) M. Demante, 2e v., n° 562.

gations sans cause *en donations forcées*, et faire passer tous les contractants qui errent dans le droit pour de véritables donataires ? »

124. L'erreur sur la cause, qui a généralement pour résultat de produire par elle-même la nullité de l'obligation pour absence de cause, pourrait encore fournir un autre moyen de poursuivre l'annulation de l'obligation : en effet, elle a aussi pour conséquence de vicier le consentement en le rendant erroné, puisque c'est elle qui le détermine. Celui qui n'a entendu s'engager que moyennant un avantage qu'il obtiendrait, et qui ne l'obtient pas, ne doit pas être obligé : son consentement n'est pas valable, car il a été donné par erreur (1109).

125. Il ne faut pas croire cependant que la théorie de l'absence de cause fasse double emploi avec celle des vices du consentement, et c'est avec raison que le Code s'est gardé de les confondre en une seule : la dernière, en effet, n'a qu'un but, c'est d'infirmer une obligation, injuste, il est vrai, mais existante jusqu'à rescision ; tandis que la première est beaucoup plus radicale : elle annule de droit l'obligation, la rend non existante. Il est d'ailleurs souvent beaucoup plus facile d'établir l'existence de la cause, que de prouver les vices du consentement. De là la différence entre les nullités absolues et les nullités relatives, différence que nous ferons ressortir plus tard, pour en tirer des conséquences qui intéressent notre matière.

126. Il se pourrait du reste que l'erreur sur la cause ne fournît à celui qui l'invoque qu'un moyen de nullité relative, comme nous allons le faire voir. Et cette observation nous amène à établir un parallélisme complet entre les théories relatives au consentement et à la cause. En effet, dans la théorie du consentement, l'erreur porte-t-elle sur la nature même ou sur l'objet même de la convention, il y a inexistence absolue de consentement, et le contrat est nul pour absence d'un élément essentiel ; tout le monde en convient quoique ces cas ne soient pas prévus par la loi. L'erreur ne porte-t-elle, au contraire, que sur la nature du consentement, ses qualités, le contrat n'est qu'annulable, et ne donne lieu qu'à invoquer les vices du consentement (1109, 1110). De même pour la cause : invoque-t-on et prouve-t-on son absence complète ? Il y a nullité absolue. Mais la cause (c'est-à-dire ici l'objet même dont l'acquisition a déterminé l'obligation de l'acheteur, de payer son prix), existe-t-elle comme individu matériel, quoique manquant des qualités substantielles que l'acheteur y croyait trouver? Celui-ci ne pourra invoquer qu'une nullité relative, car il ne peut arguer de l'absence *absolue* de cause, puisqu'il y a eu acquisition possible de l'objet. C'est ce qui aura lieu, par exemple, dans le cas où des chandeliers de cuivre auraient été vendus comme chandeliers d'or : on a été d'accord sur l'individu matériel, mais le vendeur s'est trompé sur la substance de l'objet, et l'acheteur sur la substance de la cause de son obligation. Le législateur n'a pu voir là qu'une convention rescindable (art. **1110, 1117, 1304**).

127. Notons ici que tout ce que nous avons dit sur l'absence de cause et la fausseté de la cause dans les obligations, ne s'applique qu'aux obligations intéressées; car dans les obligations de bienfaisance la cause se confond, nous le verrons, dans la volonté de donner, de sorte qu'il suffit, pour savoir s'il y a obligation, de rechercher si cette volonté a existé ou non.

SECTION III.

De l'absence de cause relativement aux actes juridiques extinctifs de droits personnels.

128. Il nous reste à prouver, pour avoir démontré que tout phénomène juridique a besoin d'une cause, que la cause est encore un élément essentiel dans les actes juridiques ayant pour objet l'extinction d'une créance.

Nous pourrions ici nous borner à invoquer les raisons philosophiques et de texte que nous avons fait valoir (nos 107 et 108) pour soutenir que la translation de propriété ne peut s'opérer sans cause. En effet, tout acte juridique est le résultat de la convention; or, si l'on admet avec nous que la condition de cause dont parlent les art. **1108, 1131** et suivants s'applique à toute convention productive d'effet juridique, il est clair que nous n'avons plus rien à démontrer, car la cause de la convention se confond toujours avec la cause ou les causes des effets juridiques qu'elle produit. Cette vérité nous paraît avoir été nécessairement admise par le législateur, mais nous devons reconnaître, comme nous l'avons fait au sujet de la translation de la propriété, qu'aucun article du Code ne déclare explicitement qu'un acte extinctif de créance ne peut exister sans cause.

129. On peut, ce nous semble, poser à cet égard une règle bien simple : l'acte extinctif ne peut être consenti par la personne intéressée qu'à titre onéreux ou gratuit. L'a-t-il été à titre gratuit, sa cause est dans la libéralité de cette personne (1) ; l'a-t-il été à titre onéreux, c'est-à-dire en vue d'un avantage qu'elle se proposait d'obtenir en échange de celui qu'elle procurait, si cet avantage n'existe pas, l'acte qu'elle a consenti n'a pas de cause, et par conséquent est nul. Et cette théorie s'appliquera à tous les actes extinctifs de créance, par exemple à la remise de dette à titre onéreux et à la dation en paiement, aussi bien qu'à la novation opérée par la substitution d'une dette nouvelle à l'ancienne.

130. Nous trouvons la preuve de la vérité de cette théorie dans l'art. 1272, qui porte que « la novation ne peut s'opérer qu'entre personnes capables de contracter, » car cet article signifie évidemment que l'*incapacité* (invoquée par qui de droit, 1125) *empêche la validité de la novation ;* or, si la novation, qui *seule* devait éteindre la dette, disparaît, cette dette se trouve donc avoir continué d'exister.

En effet, la novation est une convention à double but : elle est tout à la fois *productive* et *extinctive* d'obligation. Le créancier renonce à sa créance afin d'en acquérir une nouvelle ; le débiteur consent une obligation nouvelle afin d'obtenir l'extinction de l'ancienne. Ainsi, chacun des effets que la convention de nover doit produire sert de cause à l'autre. L'extinction de l'ancienne dette a pour cause *la création* de la dette nouvelle, aussi bien que l'obligation nouvelle a pour cause l'*extinction* de l'ancienne dette. Ces deux effets doivent être produits *cumulativement*, et si l'un d'eux manque, l'autre manque nécessairement aussi. Donc l'acte extinctif de créance doit avoir une cause.

131. On fait, il est vrai, plusieurs objections à cette théorie, qui est loin d'être généralement admise par les auteurs, et MM. Toullier (2), Delvincourt (3), Dalloz (4), Zachariæ et ses annotateurs (5)

---

(1) Et nous verrons qu'alors il n'y a pas à demander compte au bienfaiteur de ses motifs ; il suffit d'établir que sa volonté a existé.

(2) M. Toull., t. 7, n°s 298, 300, 302.

(3) M. Delv., sect. 2, al. 3, notes.

(4) Dall., Oblig., p. 606, n° 10.

(5) Zach., t. 2, p. 395.

enseignent que la novation subsiste, et que par conséquent la première obligation reste éteinte quoique la seconde vienne à être annulée, ce qui impliquerait qu'une extinction d'obligation peut avoir lieu sans cause.

Le système de ces auteurs repose en dernière analyse sur deux principes du droit romain qu'ils prétendent avoir été conservés par notre législation. Le premier, déduit des règles du Digeste, et qu'ils admettent sans contestation, serait que du moment qu'une obligation se trouve éteinte, elle ne peut revivre : *obligatio semel extincta non reviviscit*. Le second serait que, en admettant que pour l'accomplissement de la novation, une seconde obligation dût nécessairement remplacer la première, il suffirait très bien que cette seconde obligation eût été contractée par un pupille non autorisé (Inst. de Just., liv. 3, tit. 29, § 3), fût-elle même annulée ensuite.

Ces idées, vraies dans la législation romaine, ne reçoivent ici aucune application chez nous.

132. En effet, quant au premier principe, il ne saurait nous arrêter : car notre doctrine consiste précisément à dire que la seconde dette, se trouvant, par son annulation, n'avoir jamais existé, la première se trouve par là même n'avoir jamais été éteinte. La novation ne consiste pas (à moins de volonté contraire, de la part du *solvens*, clairement exprimée) dans la convention de faire tout d'abord une remise de la dette, sauf à la faire suivre de l'obtention, certaine ou éventuelle, d'un droit personnel ou réel au profit du *solvens*, mais bien dans la convention de subordonner l'extinction d'une dette à l'existence même d'une nouvelle. Autrement la novation ne serait jamais un mode d'extinction : ce serait toujours la remise. — D'ailleurs, alors même qu'on respecterait la règle de la glose à l'égal d'un texte de loi, il suffirait, pour rejeter ce principe, de faire remarquer que cette règle n'était déclarée applicable que sauf toute exception requise par l'équité : *obligatio semel extincta non reviviscit*, NISI JUSTA CAUSA SUBSIT EX QUA ÆQUITAS SUBVENIAT.

Quant au second principe, il est tout spécial au droit romain, et ne reçoit aucune application sous l'empire du Code civil.

Chez nous, en effet, le droit reconnaît en principe toutes les obligations que reconnaît l'équité. Il suit de là que la promesse que le mineur *a fait annuler* se trouve *inexistante en droit*. Donc, quand l'incapable qui a consenti une obligation (en remplacement, soit d'une autre obligation à lui propre, soit de l'obligation d'un autre débiteur), *en fait ensuite prononcer la nullité*, cette obligation se trouve n'avoir jamais existé *civilement*. La condition de deux obligations, dont la seconde vienne remplacer la première, ne s'est pas réalisée, *la novation ne s'est point accomplie*, et l'obligation primitive a continué de subsister. Il y avait au contraire à Rome une raison bien simple pour que la novation existât (et que par suite la première obligation fût éteinte), en cas de nouvelle dette consentie dans ce but par un pupille non autorisé : c'est que la novation ne pouvait se faire que par les paroles solennelles de la stipulation, et que le pupille, tout incapable qu'il était de s'obliger, avait le droit, en sa qualité de citoyen romain, de figurer dans la stipulation, même *pour promettre* (1). C'était donc par la toute-puissance de la forme, et seulement par elle, que la novation s'accomplissait ainsi.

134. Nul doute que chez nous aussi un créancier ne puisse consentir à l'extinction de sa créance en se contentant d'obtenir en échange l'obligation naturelle résultant de l'engagement d'un mineur, tout annulable qu'elle soit; mais il faudra qu'il manifeste clairement cette intention, et ce genre de novation ne saurait être présumé.

Posons donc en principe que l'extinction d'une créance ne peut avoir lieu sans cause.

135. Nous en tirerons encore comme conséquence, qu'en général une dation en paiement n'éteindra pas la dette lorsque le créancier aura été ensuite évincé de la chose reçue en paiement.

On soutient cependant le contraire en s'appuyant encore sur les principes du droit romain, où, dit-on, la *dation* opérée ne donnait jamais lieu qu'à une rétrocession en cas d'absence de cause, à une *condictio*, et par conséquent opérait l'extinction de la dette. Mais c'est encore là une fausse application d'un principe vrai en soi. Chez les Romains, en effet, il y avait lieu de faire une distinction à cet égard :

Quand la dette première avait pour objet une somme d'argent, on

---

(1) M. Ducaurroy, t. 2, n° 1116. — M. Ortolan, t. 2, p. 324-325.

présumait que les parties avaient consenti une *vente* de la chose remise au créancier, moyennant un *prix* qui se trouvait *compensé* avec la dette; de sorte que si l'ex-créancier était évincé de cette chose, il avait, non pas l'action de son ancienne créance, mais l'action *ex empto*, pour se faire indemniser (Loi 24 *Digeste*, liv. 13, tit. 7).

Si au contraire la première dette avait pour objet toute autre chose que de l'argent, la dation d'une chose en paiement était considérée comme la cause efficiente de l'extinction de la dette, et lorsque par l'éviction il était démontré que le créancier n'avait pas été rendu propriétaire, *la dette n'avait pas été éteinte* (Loi 46, D., liv. 46, tit. 3).

136. Or, il en serait précisément de même dans notre droit, sauf cette seule différence que chez nous la dation en paiement ne serait pas considérée *de droit* comme une vente suivie de compensation, par cela seul que la dette à éteindre serait d'une somme d'argent. Il faudrait qu'à cet égard la volonté des parties fût clairement exprimée, ou résultât de circonstances suffisantes, telles que celle de la livraison de la chose avec estimation.

C'est donc, en dernière analyse, la volonté des parties qu'il faut s'attacher à connaître pour savoir s'il y a eu, dans un cas donné, vente et compensation du prix avec la dette de l'acquéreur; ou bien dation d'une chose en paiement de cette dette (c'est-à-dire novation par la substitution de la dette de la chose à la dette d'argent, puis extinction immédiate de cette dette de la chose).

137. La cause finale se trouve ici confondue, on le voit, avec la cause efficiente; et c'est un résultat que devait amener nécessairement la nature de la novation, d'être l'œuvre de la volonté des parties, car la volonté se détermine par le but qu'elle se propose. Aussi les Romains avaient-ils été conduits, malgré leur absence de théorie sur la cause finale, à considérer dans ce cas comme cause efficiente l'intention des parties, qui après tout est déterminée par *le but* qu'elles se proposent, par la cause finale (V. n° 63).

138. On argumente cependant encore contre notre opinion de l'article 2038, qui porte que : « *l'acceptation volontaire que le créancier* a faite d'un immeuble ou d'un effet quelconque *en paiement* de la dette principale, décharge la caution, encore que le créancier vienne à en être évincé. » De ce que la caution est déchargée, on induit que la

dette principale est éteinte, quoique la propriété de l'immeuble donné en paiement n'ait pas été transmise ; et l'on en conclut que l'extinction d'une créance peut avoir lieu sans cause. A cela nous répondrons, en appliquant la doctrine que nous venons de développer, que, rigoureusement, la caution ne devrait pas être déchargée. En effet, dirons-nous, la créance n'a été éteinte qu'en apparence, car son extinction n'avait été consentie qu'à la condition, par le créancier, d'obtenir la propriété de l'objet donné en paiement. Le débiteur reste donc obligé en réalité, et l'art. 1038 lui-même le déclare implicitement ; car si le législateur n'avait pas admis que dans cette hypothèse la dette originaire continuât d'exister, il eût été bien inutile de dire que la caution se trouvait déchargée. La caution devrait donc à la rigueur rester obligée ; mais l'exception faite pour elle aux principes s'explique par la faveur due au cautionnement, et se justifie jusqu'à certain point par cette considération que la dation en paiement, quoique n'étant qu'apparente, a dû lui faire croire qu'elle était libérée, ce qui a pu l'empêcher de prendre des mesures conservatoires contre l'insolvabilité du débiteur. Elle serait d'ailleurs en droit de dire que la dation n'a été acceptée que par le créancier, et qu'on aurait dû au moins la consulter et la mettre en demeure d'accepter ou de repousser une novation qui pouvait lui être préjudiciable.

Nous croyons donc avoir démontré que l'extinction d'un droit personnel, comme tout autre phénomène juridique, ne peut avoir lieu sans cause, et que par conséquent la cause, but final, est un élément essentiel de tout effet juridique.

CHAPITRE III.

DE LA CAUSE ILLICITE.

§ 1er. — Dans les contrats intéressés.

139. D'après l'art. 1131, la cause d'une obligation doit être licite, autrement elle est considérée comme n'existant pas, et l'obligation est nulle. La cause illicite, c'est un but contraire aux lois, aux bonnes mœurs ou à l'ordre public, qu'une personne a voulu atteindre en s'obligeant. Valider une pareille obligation, c'eût été encourager les mauvaises actions, car l'obligation dont il s'agit tendait à faire faire le mal ou à le récompenser.

Citons quelques exemples d'obligations dont la cause serait contraire aux lois, à l'ordre public et aux bonnes mœurs.

140. Auraient une cause illicite,

A. Comme contraire aux lois :

La promesse faite pour obtenir une action criminelle;

La promesse faite pour obtenir ce qu'on avait le droit d'exiger (Pothier, nº 46);

L'obligation de garantir des opérations de contrebande ;

Toute convention ayant pour but d'entraver la liberté des enchères (C. pr., 412) ;

Les conventions qui tendraient à rétablir le régime féodal ;

Les pactes faits sur successions futures ;

Les conventions tendant à autoriser la contrainte par corps hors des cas déterminés par la loi, etc.

B. Comme contraire à l'ordre public :

L'obligation de ne pas se marier, ou de se faire prêtre ;

L'obligation de s'expatrier;

L'obligation de ne pas se soumettre à certains devoirs de citoyen, etc.

C. Comme contraire aux bonnes mœurs :

L'obligation de vivre en concubinage avec une personne ;

L'obligation d'employer son crédit politique au profit de quelqu'un ;

Le mandat pour jouer ;

Une société de délits, etc.

Ces questions sont d'ailleurs laissées à l'appréciation des tribunaux.

Du reste, tout ce qui est contraire aux bonnes mœurs est également contraire à l'ordre public.

141. Dans les contrats à titre onéreux, la cause illicite de l'obligation de l'un est telle parce que l'objet de l'obligation de l'autre est lui-même illicite; de sorte que le contrat est nul sous un double rapport. Quelquefois, cependant, la cause de l'obligation de l'une des parties est illicite sans que l'objet de l'obligation de l'autre le soit : nous en donnerons un exemple en parlant des actions en répétition (1).

142. S'il est facile de voir qu'une cause est en opposition directe avec une prohibition de la loi, il est quelquefois très difficile de distinguer, dans le silence de la loi, si une cause est licite à ses yeux. La question s'élève notamment à l'égard de l'obligation naturelle.

143. Les auteurs et la jurisprudence sont d'accord pour reconnaître d'une manière générale qu'une *obligation naturelle* peut servir de cause à une obligation civile à titre onéreux, à une reconnaissance de dette civile (2). Mais quel sens précis faut-il donner ici à ces mots : *obligation naturelle?* Embrassent-ils tout ce qu'on est convenu d'appeler ainsi dans le langage ordinaire? Nous ne le pensons pas, et nous allons essayer d'établir : qu'il y a deux sortes d'obligations naturelles; que les unes doivent rester dans le domaine de la pure morale et ne peuvent donner lieu qu'à des actes de bienfaisance; tandis que les autres, dont nous tâcherons de déterminer les caractères, ont été reconnus par le législateur comme contenant en germe un lien de droit, lien qui peut rester caché, mais qu'il dépend de l'obligé, du débiteur, de reconnaître et de s'imposer.

144. Parcourons quelques définitions des obligations naturelles :

Parmi les auteurs, les uns ont appelé obligations naturelles *celles qui sont indiquées par la conscience;* mais cette définition ne résout pas la difficulté qui nous occupe, car elle confond les deux classes d'obligations que nous voulons séparer : celles qui contiennent en germe un lien de droit, et celles qui doivent rester dans le domaine de la morale, les devoirs, en un mot. D'autres ont dit que les obligations naturelles sont *celles qui découlent des lois de l'honneur et de la délicatesse* : mais n'est-ce pas là leur donner pour base des sentiments qui varient suivant les individus, les positions sociales, et échappent ainsi à toute analyse? Comment dès lors établir une règle précise pour déterminer quelles dettes naturelles sont ou ne sont pas reconnues et sanctionnées par le droit civil? Car n'oublions pas que c'est ce qu'il s'agit de savoir. L'objection faite à la première définition s'applique donc également à celle-ci.

---

(1) M. Duranton, 10, n°s 365, 366.
(2) M. Dur., n° 337. — M. Toull., t. 6, n°s 186, 187.

145. Suivant Zachariæ, les obligations naturelles sont *celles que la législation positive* AURAIT PU sanctionner sans sortir de sa sphère légitime du droit, et SANS EMPIÉTER SUR LA MORALE (1). Dans le silence de la loi, ajoute l'auteur, la question de savoir quels sont les devoirs qui constituent des obligations de cette espèce, est en règle générale abandonnée aux lumières du juge. Ici du moins nous apercevons en germe la distinction que nous voulons établir. Mais l'examen, l'appréciation de cette distinction, l'auteur les confie au juge, et voilà ce qu'on ne saurait admettre; ce serait, selon nous, faire la loi, se mettre à la place du législateur. Il ne s'agit pas, en effet, de déterminer quelles obligations naturelles le législateur *aurait pu considérer* comme susceptibles d'être sanctionnées civilement, mais celles *qu'il a considérées* comme telles; or, nous établirons que le Code civil, s'il n'a ni défini ni énuméré les obligations naturelles, nous a donné les moyens de les définir et de les énumérer, en indiquant implicitement par l'art. 1235, les caractères essentiels de celles qu'il a permis de sanctionner par l'exécution volontaire ou quelque acte équivalent.

146. Reconnaissons d'abord qu'à un point de vue général les obligations naturelles sont celles que nous indique la conscience. Nous chercherons ensuite à établir qu'elles forment deux classes distinctes.

147. Elles se divisent, selon nous, en obligations *devoirs moraux* et obligations *dettes naturelles*. Les premières sont celles que la conscience ordonne de remplir à l'égard de tous ses semblables indistinctement. Telles sont la bienfaisance et la charité. Ce sont les *obligations imparfaites* de Pothier, « dont, dit-il, nous ne sommes comptables qu'à Dieu, et qui ne donnent aucun droit à personne d'en exiger l'accomplissement » (2). Ces obligations ne sont pas, à proprement parler, des dettes, leur exercice est une vertu active et libre; les imposer conduirait à un bouleversement social. — Les deuxièmes renferment un lien d'équité, sinon de droit, et « elles sont, dit Pothier, quoique dans un sens moins propre que les obligations civiles, des *obligations parfaites*, car elles donnent, sinon dans le for extérieur, au moins dans le for de la conscience, à ceux envers qui elles sont contractées, le droit d'en

(1) Zachariæ, t. 2, p. 257.
(2) Pothier, Obligations, n° 1.

exiger l'accomplissement, au lieu que les obligations imparfaites ne donnent pas ce droit » (1). A la différence des premières, ces obligations constituent véritablement des dettes, en ce sens qu'une personne déterminée peut dire à l'obligé : *Vous me devez*..., du moins en conscience.

Aux premières, le Code civil donne comme moyen d'action les contrats de bienfaisance ;

Aux deuxièmes, l'exécution volontaire ou quelque acte équivalent.

Parmi les devoirs moraux, les auteurs ont généralement compris la bienfaisance et la gratitude : pour la première, nous l'avons reconnu, et cela ne fait aucun doute; mais en est-il toujours de même de la gratitude? Nous ne le pensons pas; nous croyons du moins qu'il y a lieu de distinguer (2), et c'est cette distinction qui servira de base à notre théorie. — Dans certains cas nous ne verrons, il est vrai, dans la gratitude, qu'un devoir moral; mais, dans d'autres, elle nous paraîtra renfermer quelque chose de plus, et nous la classerons alors parmi les obligations naturelles de deuxième espèce dont nous avons parlé, les *dettes naturelles*.

148. Mais où la gratitude cessera-t-elle d'être seulement un devoir moral, pour s'étendre et se transformer pour partie en une dette naturelle? Comment fixer la limite précise entre les deux classes d'obligations que nous avons reconnues, le point où le devoir moral déborde et se convertit pour ce qui excède en une dette naturelle? Ce sont là des questions très délicates et qu'il faut cependant essayer de résoudre. Faisons d'abord comprendre par quelques exemples ces différents caractères de la gratitude.

Qu'un homme soit sauvé des eaux par un autre qui, dans ce but, a exposé sa vie, de quelle manière le premier devra-t-il en conscience manifester sa gratitude au second? Cela ne dépendra-t-il pas des circonstances et de la position sociale respective des individus? S'ils sont de même condition, la gratitude ne devra-t-elle pas se borner au de-

---

(1) Pothier, Obligations, n° 1.

(2) *Sic*, Vinnius, quæst. jur., l. 1, ch. 47. — *Contra*, Poth., Oblig., n° 197. — M. Duranton, n° 142.

voir moral, et ne serait-ce pas faire injure au second que de lui offrir une récompense pécuniaire? Mais si l'obligé est riche et son sauveur dénué de ressources, le premier ne manquerait-il pas à toutes les lois de la reconnaissance, s'il se bornait à assurer le second de toute sa gratitude sans songer à lui offrir une récompense matérielle? N'y aura-t-il pas là une dette naturelle susceptible d'être acquittée ou convertie en une dette civile?

149. Autre exemple : Quelqu'un perd un portefeuille renfermant cent billets de 1,000 francs; un individu s'en empare et le conserve injustement, ce qui constitue un véritable vol. Mais un honnête ouvrier, qui avait connu les circonstances de cette perte, se met volontairement à la recherche du voleur et lui reprend ce portefeuille, ou bien il le retrouve après trois ans dans les papiers d'une succession qui lui échoit; et, dans les deux cas, il le rapporte à celui qui l'avait perdu. Celui-ci, daus l'effusion de sa reconnaissance, donne à cet ouvrier en présence de témoins, et comme témoignage de sa gratitude, dix billets de 1,000 francs, ou bien il lui souscrit une obligation de cette somme, en lui donnant pour cause le service qui lui est rendu. Viendra-t-il à la pensée de quelqu'un de soutenir qu'il n'y a pas là acquittement d'une obligation naturelle, et que l'obligé pourra répéter s'il a une fois payé?

On admet sans contestation (1) qu'un service à obtenir peut servir de cause à une promesse, à un engagement civil; c'est ainsi qu'on se lie en offrant *une récompense honnête*. Comment dès lors refuser à l'obligé, dans le cas où le service lui est déjà rendu, le droit de reconnaître que ce service constitue pour lui une dette naturelle pouvant servir de cause à une obligation civile? — Ceci nous donne la réponse à une objection qu'on pourrait faire à notre système.

150. Mais, dira-t-on, qui sera juge de la question de savoir si la gratitude doit dépasser les bornes du devoir moral et se convertir pour l'excédant en une dette naturelle? *L'obligé* lui-même (2), et non le juge, comme l'admet Zachariæ. Et l'on répond ainsi à la première question posée au commencement de cette discussion, celle de savoir quelles

---

(1) M. Dur., nos 341, 344. — Pothier, Oblig., n° 46.
(2) Toull., t. 3, n° 387.

obligations naturelles peuvent servir de cause à une obligation civile. Ce sont celles, répondrons-nous, que la loi reconnaît implicitement par l'art. 1235, celles dont le paiement volontaire, c'est-à-dire fait en connaissance de cause, ne peut être répété.

Quelle confirmation plus énergique, en effet, d'une dette naturelle (notre obligation naturelle de 2e classe) que le paiement volontaire? Le paiement ne suppose-t-il pas nécessairement une convention tacite qui a pour objet de transformer l'obligation naturelle en une obligation sanctionnée par le droit civil? Ne suppose-t-il pas une dette civile ayant pour cause une obligation naturelle?

151. Reste à démontrer à quels caractères on peut reconnaître et déterminer quelles obligations naturelles la loi a entendu sanctionner par l'art. 1235, et l'on verra qu'on y peut faire rentrer l'obligation naturelle que nous prétendons pouvoir servir de cause à une obligation civile :

L'art. 1235 prouve incontestablement que la loi civile admet des obligations naturelles, seulement elle les admet pour refuser au créancier non payé, l'action, et au débiteur qui a payé volontairement, la répétition. Donc deux caractères essentiels de l'obligation naturelle reconnus par la loi : 1° d'être dénuée d'action, quoique conforme au vœu du législateur; 2° d'être subordonnée à l'approbation expresse ou tacite du débiteur. Un autre caractère de la dette naturelle, nous l'avons établi, est d'être distincte du devoir moral. Mais pourquoi, dira-t-on, la loi refuse-t-elle l'action si elle reconnaît dans l'obligation naturelle un lien d'équité susceptible de se transformer en un lien civil? C'est que l'existence, la possibilité de cette transformation est soumise à une question de preuve, comme tout l'ensemble des matières juridiques. « L'existence d'une obligation (dit un docteur, dans une dissertation remarquable sur les obligations naturelles) (1), dépend d'éléments si divers, souvent si délicats, si difficiles à apprécier, que le législateur, pour éviter d'obscurs et interminables procès, les soumet à certaines présomptions générales de validité ou d'invalidité qu'il établit *a priori*. Que si en fait le débiteur, pouvant invoquer à son profit une de ces présomptions générales, la déclare fausse dans le cas particulier où il

(1) M. Clamageran, Thèse soutenue le 27 juin 1851.

se trouve, la présomption disparaît devant la réalité, et le législateur consacre alors ce dont il avait jusque-là méconnu l'existence, et qu'il reconnaît du reste conforme aux règles du juste par lui posées. »

Tels sont les caractères essentiels de l'obligation naturelle reconnue par l'art. 1235.

152. L'obligation naturelle suppose donc deux choses :

1° Une présomption générale établie en faveur du débiteur, qui entraîne le refus d'action au créancier;

2° Un démenti donné à cette présomption par le débiteur lui-même.

Or, ces conditions ne se rencontrent-elles pas clairement dans ce que nous avons appelé dettes naturelles ? Qu'est-ce après tout qu'une obligation civile ayant pour cause une dette naturelle sinon une novation ?

Aussi, en admettant (avec ce docteur) que ces présomptions générales se rattachent aux idées suivantes :

1° Annulabilité de la dette pour cause d'incapacité du débiteur;

2° Nullité résultant de l'absence de certaines formes;

3° Extinction par suite d'un certain laps de temps écoulé;

4° Inexistence de la dette induite du silence du contrat ;

5° Autorité de la chose jugée;

Nous ne ferons qu'ajouter un numéro de plus à cette nomenclature :

6° Inexistence de la dette induite spécialement de sa nature morale, c'est-à-dire de la difficulté de déterminer si l'obligation naturelle constitue un simple devoir moral, ou, de plus, une dette naturelle.

Et dans cette dernière catégorie nous ferons rentrer, en lui appliquant le raisonnement que nous avons fait au sujet de la gratitude, la dette naturelle qui pourrait résulter, par exemple, du préjudice qu'on aurait, dans certains cas, causé à une personne, sans qu'elle puisse avoir d'action contre le coupable.

153. Remarquons d'ailleurs qu'on peut appliquer à ce que nous appelons dette naturelle la définition donnée par M. Duranton (1) de l'obligation naturelle.

« C'est celle, dit-il, qui doit être exécutée *si l'obligé suit les lois de la conscience*, mais à laquelle *la loi civile*, par des considérations parti-

(1) M. Dur., t. 10, n° 34.

culières, n'a point attaché d'action, *tout en en approuvant* toutefois *tellement l'accomplissement*, qu'elle interdit la répétition de ce qui a été volontairement payé en conséquence d'une telle obligation. » Or, la conversion d'une dette naturelle en une dette civile n'est-elle pas après tout le paiement de la première, une espèce de novation, comme nous l'avons déjà dit.

154. C'est d'après ces principes que nous déciderons,

Avec M. Duranton :

« Que l'on doit regarder comme très valable, même sans l'emploi des formes de la donation, la promesse que je fais à quelqu'un qui m'a rendu service, par exemple qui s'est exposé pour me sauver la vie, ou pour la sauver à mon épouse ou à l'un de mes enfants ou de mes ascendants, ou qui m'a conservé ma fortune, compromise par quelque circonstance particulière, ou qui a géré utilement mes affaires ; en un mot, qui a bien mérité de moi. Ces faits sans doute pourraient être la *cause* d'une donation *rémunératoire*, mais rien n'empêche qu'ils ne soient aussi la cause d'une obligation ordinaire » (1).

155. Et avec la jurisprudence :

Que des services rendus forment une cause valable d'obligation, sans qu'il y ait à examiner si ces services auraient été ou non par eux seuls dans le cas de donner ouverture à une action civile pour en obtenir la récompense (2);

Que l'obligation de payer une somme pour récompense de soins reçus en temps de maladie constitue l'acquittement d'une dette naturelle, et n'a pas besoin, pour être valable, d'être revêtue des formalités de la donation (3);

Qu'on doit considérer comme valable l'engagement sous seing privé contracté par un individu de nourrir l'enfant dont telle personne est enceinte (4) ;

Que l'obligation souscrite volontairement par un individu au profit

---

(1) M. Dur., t. 10, n° 343.

(2) Cour de Caen, 19 mai 1841.

(3) Douai, 2 juill. 1847.

(4) Agen, 24 fév. 1825.

d'une fille pour réparer le tort fait à celle-ci dans son honneur ne peut être déclarée nulle comme étant sans cause (1).

156. Mais nous n'admettrons pas qu'il y ait dette naturelle pouvant servir de cause à une obligation civile dans les cas où la loi, par mesure d'ordre public ou autre, ***a réprouvé*** l'obligation, bien que son exécution puisse rester et doive même rester, dans certains cas, un véritable devoir de conscience. Nous n'admettrons pas non plus qu'un lien civil puisse sanctionner une obligation naturelle lorsque cette obligation n'est devenue naturelle que par suite de l'abrogation de lois qui la sanctionnaient, ou de la promulgation de décrets qui lui enlèvent son caractère légal.

157. C'est ainsi que nous déciderons, contrairement à la jurisprudence, et à certains auteurs,

Que la reconnaissance d'un enfant naturel par écrit sous seing privé, ne constitue pas une obligation naturelle (2) ;

Que les rentes féodales supprimées comme dettes civiles ne subsistent pas comme dettes naturelles (3) ;

Que les frères d'un émigré frappé de mort civile ne peuvent l'admettre au partage de la succession paternelle à titre de copartageant en exécution d'une obligation naturelle (4) ;

Que le débiteur d'une somme empruntée avant la création des assignats n'est pas tenu de la différence entre la valeur de ce papier-monnaie et la valeur nominale au moyen de laquelle il s'est libéré aux yeux du pouvoir positif ; que, par suite, un billet causé pour cette différence est nul (5) ;

---

(1) Rennes, 24 août 1816. — La jurisprudence nous semble, toutefois, être allée trop loin en décidant : qu'une obligation a une cause valable lorsque c'est un sentiment d'honneur et de délicatesse, ou un devoir de conscience (qu'on ne veut pas faire connaître), qui l'a fait souscrire. Cass., 10 mars 1808 ; Rouen, 23 mai 1837 ; Cass., 9 janv. 1822. — *Un service* qui vous est *rendu*, *un préjudice* qu'on a *causé*, tels nous semblent seulement pouvoir être les devoirs de conscience, les obligations naturelles pouvant servir de cause à une obligation civile.

(2) *Contra*, Mol., n° 46, p. 82. — Toull., 6, n° 384. — M. Dur., 10, n°s 37 et 346. — Pailliet, a. 1235, note A, 3. — Paris, 3 août 1825.

(3) *Contra*, Cass., 3 juillet 1811.

(4) *Contra*, Cass., 3 août 1814.

(5) Grenoble, 25 août 1809.

Que le paiement du montant d'une contre-lettre, en cas de vente d'office, ne constitue pas l'acquittement d'une dette naturelle (1);

Que les détenteurs de biens nationaux ne sont pas tenus, en vertu d'une obligation naturelle, de restituer ces biens à leurs anciens propriétaires (2);

158. Et en cela nous sommes d'accord avec les principes que nous avons développés plus haut sur l'obligation naturelle, et nous ne faisons que nous conformer à ceux des auteurs :

De M. Duranton, qui a défini l'obligation naturelle : celle dont *la loi civile*, en refusant l'action au créancier, *approuve l'accomplissement*;

De Toullier, qui s'exprime ainsi : On ne peut *confirmer* une obligation naturelle dont la *cause est réprouvée* par la loi, non pas dans l'intérêt particulier du débiteur, mais par des motifs d'intérêt ou d'ordre public, ainsi une rente féodale (3);

De Zachariæ, qui dit : On ne peut faire valoir sur la garantie de l'Etat que les obligations civiles. Par exception à ce principe, une obligation purement naturelle produit aussi certains effets *lorsqu'elle n'a pas été frappée de réprobation* par le droit civil (4).

159. En effet, valider de pareilles obligations, ne serait-ce pas armer la loi contre elle-même, trouver chez elle un moyen de se soustraire à sa prohibition ? Qu'importe que les juges veuillent sanctionner un sentiment d'équité, s'il faut pour cela faire fléchir la loi ? Les tribunaux n'ont d'autre mission que d'appliquer la loi et de l'appliquer franchement, sans détour, sans subterfuge, au point de vue de ceux qui l'ont faite. Sans doute des décisions blesseront souvent l'équité, mais c'est la loi ! Que si d'ailleurs on se reconnaît forcé par sa conscience de réparer le préjudice que cause à autrui l'application d'une loi dont on profite malgré soi, on a un moyen d'arriver à ce résultat : les actes de bienfaisance.

---

(1) *Sic*, Cassat., 30 juill. 1844.
(2) Cass., 23 juill. 1833.
(3) Toull., t. 6, n° 392.
(4) Zach., t. 2, p. 258.

Nous verrons, en effet, dans le chapitre suivant, qu'on n'a pas à demander compte au donateur des motifs de sa libéralité.

§ 2. — Dans les contrats de bienfaisance.

160. Avant de faire connaître la nature de la nullité résultant de l'art. 1131 et les conséquences qui en résultent, il convient d'établir que cette nullité ne peut se rencontrer dans les obligations de bienfaisance que pour *absence de cause*, et non pour fausse cause ou cause illicite.

A cet effet, précisons d'abord le caractère de la cause dans les obligations de bienfaisance; il nous sera facile ensuite d'établir que cette cause peut ne pas exister, mais ne peut être fausse ou illicite.

161. En quoi consiste-t-elle, en effet? Est-ce comme la cause dans les obligations à titre onéreux, dans un *fait juridique*, dont le but est toujours pécuniaire, dont l'existence réelle ou licite est par conséquent soumise, selon les divers contrats, aux différentes règles de la législation positive? Non certes. Et qu'on la fasse résider dans la volonté de conférer un bienfait, ou dans le bien-être qu'on veut procurer à autrui, ou, comme nous l'avons admis, dans la satisfaction morale qu'on éprouve à faire le bien, toujours est-il que, dans tous les cas, elle ne consistera jamais que dans un fait purement moral, dont l'appréciation ne peut conséquemment être soumise à des règles de droit. Or, ce fait moral n'est-il pas éminemment licite en soi? L'énoncer, n'implique-t-il pas qu'il ne peut avoir sa source et ses limites que dans le cœur et la conscience? Qu'il porte en lui-même sa raison d'être et ne doit pas compte de ses motifs? Faire le bien librement, à son gré, sans contrôle, n'est-ce pas l'attribut le plus moral, le plus naturel et le plus licite de la liberté humaine? *Nil tam naturale*, avons-nous dit.

162. Peut-on dès lors concevoir que la cause que nous examinons puisse jamais être le résultat d'une erreur de droit, et par suite une *cause fausse?* Le droit *contraint* à faire, et l'on peut, *par erreur de droit*, se croire sous le coup d'une contrainte qu'on veut faire cesser, qu'on veut anéantir en souscrivant une obligation civile à cet effet, une novation; c'est là le cas de fausse cause dans les obligations à titre onéreux; mais le droit ne peut contraindre à donner gratuitement : on ne peut donc donner par erreur de droit.

163. Peut-on concevoir davantage qu'il puisse être question de cause illicite dans les contrats de bienfaisance? Non, certes, puisque leur cause est licite par elle-même, comme nous l'avons démontré.

Mais nous déciderons, malgré l'art. 900, qu'on doit considérer comme nul, quoique qualifié de donation, et fait sous cette forme, l'acte dont il serait démontré que le *but principal*, de la part du prétendu donateur, n'a été que d'obtenir l'accomplissement du fait illicite auquel il a subordonné sa libéralité. Qu'importe, en effet, que cet acte ait la forme et le nom de donation? C'est ici un véritable acte à titre onéreux, et qui tombe sous le coup de l'art. 1172. *Non sermoni res, sed rei sermo subjectus*. Nous déciderons encore, avec M. Duranton (1), que la *promesse* faite à une femme *pour l'engager* à vivre en concubinage avec celui qui la lui a faite, ou *à raison* du concubinage déjà existant, est fondée sur une cause illicite et par conséquent nulle, tandis que la donation en forme faite entre personnes que l'on prétendrait vivre ou avoir vécu en concubinage, donation à laquelle on *n'attribuerait* d'autre cause que le concubinage lui-même, ne serait pas nulle pour cela. On n'a pas, en effet, du moins en général, à demander compte au donateur des motifs de sa libéralité; ce serait ouvrir la porte à une foule de procès aussi scandaleux que difficiles à juger. Il est vrai, relativement aux dons entre concubins, que l'ancien droit français, quelques coutumes, l'ordonnance de 1629 (Code Michaud), et la législation intermédiaire, les prohibaient d'une manière absolue; mais le Code civil, ni aucune loi postérieure, n'ayant reproduit les dispositions prohibitives dont ils étaient frappés, il s'ensuit que ces dons rentrent dans le droit commun et doivent être considérés comme valables (2). L'abrogation de l'ancienne prohibition est d'autant plus constante, que la section de législation a supprimé la disposition du projet de la commission ainsi conçue : « Ceux qui ont vécu

---

(1) M. Dur., t. 10, nos 368 et 367.

(2) Toull., t. 5, n° 719. — M. Bugnet sur Pothier, Don. entre vifs, sect. 1re, § 6, notes sur les nos 31 et 32. — Merlin, Répert., Concub., n° 2.

ensemble dans un concubinage *notoire* sont respectivement incapables de se donner (1).

164. La cause de l'obligation de bienfaisance réside donc entièrement dans la volonté de donner, volonté libre, indépendante de tout contrôle et de toute règle, et qui se manifeste par l'expression même de la volonté de donner. Cela est d'accord avec le droit romain qui décidait, en principe, que la donation ou le legs faits d'après une cause fausse ou illicite n'étaient pas moins valables : *quia ratio legandi legato non cohæret*.

165. Est-ce à dire par là que la cause n'a pas besoin d'exister dans les obligations gratuites? Non sans doute, et nous sommes fidèles à notre théorie de la nécessité d'une cause dans toute obligation. Mais nous soutenons que la cause est renfermée, théoriquement du moins, dans le consentement, que l'analyse peut l'en faire sortir, et qu'elle ne se confond avec celui-ci qu'au point de vue pratique, au point de vue de la preuve. La cause, c'est la bienfaisance, et le consentement, c'est la manifestation de la volonté de l'exercer. La volonté de donner dans un cas déterminé étant prouvée, la preuve de l'existence de la cause est faite.

166. Il ne faut donc pas dire avec M. Duranton (2) (tout en adoptant sa décision), que dans le cas de donation entre *concubins*, la donation n'est pas nulle pour cause immorale, « *attendu* que la donation en forme n'a pas besoin d'être fondée sur une cause quelconque, et que ce qu'on pourrait prétendre dans l'espèce, c'est que celle dont il s'agit *n'a point de cause*. » Il faut dire : l'obligation a une cause, la bienfaisance, mais cette cause, on n'a pas à en rechercher les motifs, le fondement ; il suffit qu'elle existe, et son existence est prouvée par la donation.

L'on doit se garder aussi de donner avec Toullier (3), comme exemple de fausse cause, le cas où un testateur donne, *en avancement de droits successifs*, le fonds A à Titia, *sa nièce et son héritière*, alors qu'il est prouvé et reconnu qu'il y avait eu supposition de part, et

---

(1) Cass., 30 déc. 1829, 19 janv. 1830.
(2) M. Dur. 10, n° 368.
(3) Toull. 6, n° 170.

que Titia, au lieu d'être la nièce du testateur, était un enfant supposé. Nous ne dirons pas que le don était fondé sur une fausse cause, mais nous soutiendrons, en invoquant l'art. 1110, qu'il y avait erreur de volonté, de consentement, que la considération de la personne était le motif principal et déterminant de la volonté de donner gratuitement, et que par suite il n'y a pas eu de consentement valable. Nous n'invoquerons pas même l'absence de cause, quoiqu'on pût certainement le faire. Nous n'avons pas besoin de ce moyen, et nous pouvons nous en tenir à l'article 1110, sauf à bien établir qu'il y a eu erreur de consentement.

167. Concluons donc de tout ce qui précède, que dans les obligations de bienfaisance on ne peut fonder la nullité de l'obligation sur la fausse cause ou la cause illicite.

Mais, conformément à nos principes, on pourra invoquer l'absence de cause lorsqu'on aura établi l'absence de volonté, et c'est ainsi que nous déciderons, comme nous l'avons déjà fait, qu'il y a absence de cause, et partant nullité absolue d'obligation (même dans le premier cas, pour les héritiers) :

Dans le cas de legs testamentaire révoqué par un codicille ;

Et dans le cas de donation en faveur de mariage, lorsque le mariage n'a pas lieu, la bienfaisance étant alors subordonnée à l'existence d'une condition qui n'est pas remplie.

CHAPITRE IV.

DROIT SANCTIONNATEUR EN CE QUI CONCERNE LA CAUSE.

SECTION I.

Nature de la nullité résultant de l'art. 1131.

168. Il résulte de l'art. 1108 que la cause licite est un *élément essentiel* de l'existence de l'obligation. D'autre part, l'art. 1131 déclare que l'obligation sans cause ou sur cause illicite *ne peut avoir aucun effet.* La conséquence directe, nécessaire de ces articles, est que la nullité qui en résulte est absolue, que sans cause il n'y a qu'un essai infructueux d'obligation, que l'obligation prétendue n'a aucune existence, a manqué de se former, et ne peut conséquemment, comme dit le Code, avoir aucun effet. Et la nature de cette nullité (d'être le néant) entraîne elle-même pour conséquence, qu'elle est immédiate et perpétuelle, qu'elle ne peut être effacée par la ratification ou l'exécution volontaire de l'obligation, et qu'elle peut être opposée par tous ceux qui ont intérêt à le faire. — Nous allons voir cependant, en développant chacune de ces conséquences, qu'elles n'ont pas été admises par tous les auteurs.

CONSÉQUENCES DE LA NATURE DE L'ART. 1131 :

1° Quant à sa durée.

169. De ce que l'absence de cause licite rend l'obligation inexistante, la conséquence inévitable n'est-elle pas que cette obligation ne pourra jamais exister? Le temps peut-il faire valoir le néant? Les Romains disaient : *quod nullum est ab initio tractu temporis convalescere non potest.* Comment donc a-t-on pu prétendre le contraire en invoquant dans ce but (1) l'art 1304, et soutenant qu'il s'applique aux nullités absolues? « Le législateur, dit-on, n'a point entendu faire, dans les articles cités à l'occasion de l'action en nullité, l'énumération de tous les cas où peut être intentée cette action; c'est même ce qu'indique l'art. 1304 qui porte : *dans tous les cas où l'action en nullité n'est pas limitée...* » Cet argument serait bon sans doute si l'on établissait d'abord que l'action en nullité de l'art. 1131 est régie par l'art. 1304, qu'elle ne peut s'exercer que dans le sens et dans les limites de cet article. Mais que deviendra cet argument si nous prouvons que l'article 1304 n'a jamais eu en vue l'action en nullité de l'art. 1131, qu'il ne se réfère qu'aux actions en nullité relative et en rescision résultant des contrats *annulables?* Or, quoi de plus évident : l'action en nullité de l'art. 1304 n'est-elle pas présentée comme un mode d'extinction des obligations? Comment donc pourrait-on l'entendre de la nullité résultant d'un contrat *nul* qui ne produit aucune obligation? On n'éteint pas ce qui n'existe point. — Les mots sur lesquels on se fonde doivent donc s'entendre ainsi : ...*Dans tous les cas où il y a lieu d'invoquer une*

(1) Toull. 6, n° 180.

NULLITÉ RELATIVE, *et où l'action n'est pas limitée à un moindre temps.* Mais allons plus loin, et à ceux qui prétendent que la prescription de l'art. 1304 a été créée pour tous les cas possibles, qu'elle s'applique à toute cause de nullité quelle qu'elle soit, *absolue* ou relative, d'ordre public ou d'intérêt privé, nous voulons démontrer que leur doctrine n'est pas fondée, qu'elle est contraire à l'histoire, à la logique et à la morale.

170. En effet, M. Jaubert, dans son rapport au Tribunat, sur le titre des obligations, a présenté dans les termes les plus explicites la théorie de l'art. 1304 : « Il était impossible *de ne pas conserver l'ancienne distinction* entre les actes faussement qualifiés de contrats, et qui ne produisent jamais d'action, et les contrats qui ont contenu une obligation et conséquemment le principe d'une action, laquelle action peut seulement être repoussée par une exception....

« Lorsqu'il s'agit d'un engagement contracté sans objet ou *sans cause*, il est tout simple que celui qui a souscrit l'engagement *n'ait pas besoin de recourir à la justice* pour se faire dégager, ou que du moins, *à quelque époque* qu'il soit poursuivi, il soit toujours admis à répondre *qu'il n'y a pas* obligation ; mais, lorsqu'il s'agit d'un mineur, d'une femme mariée, ne serait-il pas bien extraordinaire que le temps de la restitution ne fût pas limité ?...

« L'action en nullité ou en rescision (1304) *ne s'applique donc* qu'aux cas où la convention peut produire une action qui néanmoins est susceptible d'être repoussée par une exception, c'est-à-dire : 1° au cas de l'incapacité; 2° au défaut de consentement. Et c'est là la grande matière de demandes en restitution et des actions rescisoires qui ont tant occupé les jurisconsultes. »

171. Sans aucun doute, sous l'empire de l'ancien droit, on reconnaissait deux sortes d'actions distinctes, ayant pour but l'annulation des contrats : l'action en nullité, s'appuyant sur des textes, et l'action en rescision, résultant de l'obtention de lettres de rescision ; et ces deux actions, différentes quant à leur dénomination et quant à la durée du temps pendant lequel elles pouvaient être intentées, ont été confondues par le Code, qui a créé une prescription unique à cet égard. Mais qu'on lise Dunod (1), le plus compétent et le plus explicite des auteurs en

(1) Dunod., pres^{on}., part. 1, ch. 8, p. 47, et part. 2, chap. 12.

pareille matière, et l'on verra qu'alors comme aujourd'hui, on distinguait des nullités *absolues* et des nullités respectives ou relatives; *que les premières* n'étaient point susceptibles d'être couvertes par la prescription, parce que, comme le dit Dunod, la loi résiste continuellement et par elle-même à l'acte qu'elle défend, parce que la nullité est telle que, même dans le silence des parties, la partie publique doit pouvoir la proposer dans un intérêt social; *que les secondes*, au contraire, qui ne sont introduites que dans un intérêt privé, étaient couvertes si les intéressés avaient laissé passer un délai suffisamment long sans les faire prononcer; *que, parmi ces nullités respectives*, les unes s'appelaient nullités de droit, parce qu'elles étaient prévues par les lois et duraient trente ans : telles étaient les nullités relatives aux incapacités; que les autres, au contraire, s'appelaient nullités de rescision, parce qu'elles devaient leur introduction à l'obtention de lettres de rescision, et étaient limitées à un délai de dix ans : telles étaient les nullités fondées sur les vices du consentement.

L'on reconnaîtra alors que les rédacteurs du Code ont consacré l'ancienne distinction entre les actes faussement qualifiés contrats, et ceux qui contiennent une obligation qu'une exception d'intérêt privé peut faire tomber; qu'ils ont limité les actions en nullité et en rescision aux cas d'incapacité et de vices du consentement, et les ont confondues en une seule action décennale dans l'art. 1304; que, dès lors, on doit admettre l'interprétation que nous avons donnée des mots de cet article : *dans tous les cas où*, etc..... (n° 169).

172. Ne serait-il pas facile d'ailleurs de justifier logiquement la différence que nous admettons entre les obligations nulles et les obligations annulables, au point de vue de la situation respective des personnes et de la nature du vice, absolu dans un cas et relatif dans l'autre?

Il y a plus, pour être logique dans le système que nous combattons, il faudrait aller jusqu'à dire : que dans le cas même où il n'y a point eu d'exécution de la convention sans cause licite, si dix ans se sont écoulés depuis qu'on a tenté de la créer, la loi devrait prêter main-forte à l'une des parties contre l'autre pour obtenir exécution, car la maxime : *quæ temporalia sunt ad agendum perpetua sunt ad excipiendum*, n'existe plus chez nous, et les mots *action en nullité* de l'article 1304 ne sont pas synonymes des mots *action en restitution*. Il faudrait donc décider qu'après dix années de silence la convention illicite non suivie d'exécution serait réputée valable par la loi elle-même, et qu'ainsi la justice, qui repose sur la loi et l'exécute, devrait accueillir l'action de celui qui réclamerait le bénéfice du contrat.

173. De tout ce que nous venons de dire nous tirons donc les conclusions suivantes : soit qu'il y ait eu, soit qu'il n'y ait pas eu exécution de la convention illégale ou illicite, elle a été nulle dès l'origine et elle demeurera toujours nulle ; elle n'est qu'un pur fait qui résiste à toute prescription, car le temps ne peut rien faire sortir du néant.

Sans doute si à l'occasion de l'exécution, une prestation a été faite, l'objet de cette prestation pourra devenir après trente ans la propriété de celui qui l'a reçue, mais ce ne sera nullement parce que le contrat est inattaquable, il ne peut jamais avoir d'existence légale : ce sera l'effet d'une prescription ordinaire.

2° Quant à la question de savoir si l'on peut confirmer ou ratifier une obligation sans cause.

174. Il semble, après ce que nous venons de dire de la nature de la nullité résultant de l'art. 1131, et par suite de sa durée, que la question que nous examinons n'ait besoin que d'être posée pour être résolue négativement. Les discours de M. Favard de Langlade au Tribunat, et du tribun Mouricault au Corps législatif, ne laissent aucun doute à cet égard. Cependant Toullier (1) n'hésite pas à décider la question affirmativement. Il s'appuie d'abord sur l'art. 1304 qu'il prétend applicable à la nullité dont il s'agit, en tirant argument de ces mots : *dans tous les cas, etc....* Nous avons réfuté plus haut cet argument. Il ajoute qu'en admettant qu'aux termes de l'art. 1131 il n'y ait point de droit qui puisse être la matière et le sujet de la ratification, tout ce qu'on pourrait conclure de là, c'est que la ratification d'une obligation sans cause n'aurait point d'effet rétroactif, qu'elle ne tirerait sa force que de l'acte de ratification. A cela nous répondrons avec

(1) Toull. 6, n° 180.

M. Duranton que l'acte confirmatif lui-même serait aussi sans cause. Enfin, il termine en disant que, refuser la ratification ou la confirmation, c'est dire que la nullité *radicale* des actes ne donne pas lieu à l'action en nullité. Mais cet argument ne repose-t-il pas sur le premier que nous avons déjà réfuté, savoir, qu'il n'y aurait d'action en nullité possible que celle résultant de l'art. 1304? Disons donc sans hésiter que ces actes ne peuvent jamais être confirmés ni ratifiés, et que le prétendu débiteur, s'il n'a pas exécuté, peut toujours agir pour faire déclarer non existante la prétendue obligation.

3° Quant à la question de savoir quelles personnes peuvent l'invoquer.

175. Nous tirons encore comme conséquence de la nature de notre nullité, que toutes les personnes intéressées à l'invoquer pourront le faire. Ainsi, en cas d'absence de cause ou de fausse cause dans une obligation, les créanciers et les héritiers du prétendu obligé pourront toujours démontrer l'erreur de fait ou l'erreur de droit sur lesquelles reposerait le prétendu lien, et faire déclarer nul l'essai d'obligation, ou, en cas d'exécution, répéter ce qui aurait été livré.

176. Nous irons même plus loin pour le cas d'obligation sur cause illicite : le ministère public lui-même pourra faire déclarer la nullité de l'obligation et faire restituer ce qui aurait été livré par le prétendu débiteur. « La partie publique, disait Dunod, peut invoquer les nullités absolues. » De même aujourd'hui, d'après la loi de 1810, l'organe du ministère public peut agir même au civil par voie d'action toutes les fois qu'il s'agit de réprimer une violation faite à l'ordre public ; il serait donc en droit, par exemple, de provoquer, dans l'intérêt social placé sous sa sauvegarde, la nullité du traité secret intervenu à l'occasion d'une transmission d'office. Car, nous l'avons dit, la loi résiste toujours par elle-même à l'acte qu'elle défend, et elle peut rappeler à son obéissance par la voix du ministère public. Nous nous ferons même un nouvel argument de ce que nous venons de dire à l'appui de la thèse que nous avons soutenue, savoir que l'art. 1304 n'est pas applicable à notre matière; car comment soutenir que le législateur ait compris l'action du ministère public dans les applications possibles de l'art. 1304? Quelle analogie supposable entre cette action et la voie de nullité prévue par ce texte de la loi civile ?

4° Quant aux actions en répétition.

177. La loi, dans les art. 1376 et 1377, organise le quasi-contrat, nommé *paiement de l'indû*. Elle déclare, art. 1376, que : celui qui reçoit, *par erreur ou sciemment*, ce qui ne lui est pas dû, s'oblige à le restituer à celui de qui il l'a indûment reçu. Or, l'art. 1131 déclarant qu'il n'y a pas dette lorsqu'il n'y a pas cause licite, il est clair que l'exécution d'une obligation nulle en vertu de cet article donne toujours lieu à répétition, qu'elle constitue toujours un paiement de l'indû.

178. Cependant quelques questions se sont élevées à ce sujet et ont été l'objet de vives controverses ; nous allons les examiner.

1° Relativement à l'obligation sans cause ou sur cause fausse :

Sans doute, a-t-on dit, si c'est un paiement que vous avez voulu faire en exécutant votre obligation nulle, il y a paiement de l'indû ; « mais, dit M. Duranton (1), si celui qui s'est obligé sans cause ou sur fausse cause à payer une somme ou une autre chose mobilière, a *volontairement et sciemment* exécuté sa promesse, il ne peut répéter ce qu'il a payé, attendu qu'*il a voulu donner*, ou du moins qu'*il doit être considéré* comme ayant voulu faire un don : *Cujus per errorem dati repetitio est, ejusdem consulto dati donatio est* (2). Or, comme les dons de sommes et autres objets mobiliers peuvent en général être faits de la main à la main, *sans acte*, le paiement qui a eu lieu dans ce cas est valable comme don manuel. » En d'autres termes, pour que la répétition ait lieu, faut-il nécessairement que celui qui a fait la prestation indue ait été dans l'erreur ?

179. Le droit romain, il est vrai, répond l'affirmative carrément ; nous venons de citer la loi qui le prouve.

Mais en est-il nécessairement toujours de même chez nous ; voilà la question. Dans le cas de l'art. 1377, cela est incontestable : « Lorsqu'une personne, qui, *par erreur*, se croyait débitrice, a acquitté *une dette*, etc....... Mais remarquons que dans le cas de cet article il

(1) M. Dur., n° 372.
(2) L. 53, ff., de reg. jur.

y a *une dette réelle*, acquittée entre les mains du créancier par un autre que le débiteur; que le payant doit être considéré comme le gérant d'affaires du débiteur véritable, ou comme donateur, à moins d'admettre qu'il n'ait rien voulu faire de sérieux et qu'il ait donné pour avoir le plaisir de répéter, ce qui est inadmissible. Au contraire, dans l'hypothèse qui nous occupe, *il n'y a pas de dette*, et nous sommes alors dans les termes de l'art. 1376, qui n'exige l'erreur que de la part de celui qui reçoit, et non de la part de celui qui paie. La question que nous avons posée peut donc sembler douteuse. Il semble que l'absence de dette suffise pour autoriser la répétition, et cela serait une grave modification aux lois romaines. En principe donc, nous dirons que, quel que soit l'état d'esprit du payant, il peut répéter. On objecte qu'en prestant sciemment il a voulu faire une libéralité; mais la question est de savoir s'il y a eu paiement valable, et nous répondrons négativement. Maintenant il est possible, nous l'admettons, qu'il y ait eu volonté de donner, et dans ce cas nous refuserons la répétition pour les objets mobiliers. Mais il faudra que la preuve de cette intention soit manifeste, et nous n'admettrons pas que le fait seul du paiement soit une présomption qui la constitue. Sans doute il pourra se faire que le payant ait donné lieu de croire qu'il connaissait la nullité de la dette, qu'il l'ait avoué verbalement, et que sa prestation doive alors être considérée comme une mauvaise plaisanterie; ce sera alors à celui qui a reçu à établir qu'il en est ainsi, à en faire la preuve : *les libéralités ne se présument pas* (1). Nous verrons même dans le fait de la demande en répétition la présomption, la preuve qu'il en a été autrement, que le payant a cru exécuter une obligation valable. Sa mauvaise foi sera donc un fait à examiner et à prouver par celui qui a reçu. Resterait peut-être encore à savoir si le fait d'avoir presté, sachant que la dette était nulle, uniquement pour répéter, pourrait, par cela seul, être considéré comme une donation, même pour les objets mobiliers. Est-ce qu'on peut voir là l'intention de donner? Le contraire est établi : le prestant reconnaît qu'il a presté pour répéter méchamment. Voudrait-on le punir en considérant malgré lui sa prestation comme une donation? Sur quoi se fonde-t-on pour cela. N'y aurait-il pas plutôt là seulement une occasion à dommages-intérêts?

(1) Mourl., 2e ex., p. 750, 751.

180. 2° Relativement à l'obligation sur cause illicite :

C'est une question controversée dans la doctrine et la pratique, de savoir si la répétition peut avoir lieu lorsqu'une prestation a été faite dans un but illicite. La dette était nulle d'après l'art. 1131, il y a donc eu paiement de l'indû. Remarquons d'abord que si la prestation n'était pas illicite de la part de celui qui l'a faite, il n'y a pas de difficulté ; on est d'accord pour permettre la répétition. Ainsi un dépositaire a exigé quelque chose pour rendre le dépôt, le déposant l'a payé sachant qu'il ne doit pas, il y a eu une sorte de violence exercée sur lui, celui qui a reçu était seul en faute. Les lois romaines admettaient la *condictio* lorsqu'il n'y avait *turpis causa* que de la part de l'*accipiens*.

181. Mais le doute s'élève quand il y a *turpitudo ab utraque parte*, par exemple si Pierre a donné à Paul pour l'engager à commettre un délit. L'obligation de Pierre était nulle ; mais ici tous deux sont en faute : *dantis et accipientis turpitudo versatur*, l'un a reçu le prix de la mauvaise action qu'il a promise, ou commise, l'autre y a provoqué. Le droit romain refusait la répétition, quoiqu'il refusât l'action en stipulant si le paiement n'avait pas encore eu lieu. Mais ici, disait-on, *melior est causa possidentis* ; personne n'est admis à prouver son délit pour en faire le but d'un droit. Pothier adopte cette décision sur la foi de la loi romaine, comme il le fait quelquefois, sans en examiner la valeur intrinsèque. Cela rentrait dans l'idée romaine, qui refusait la répétition au payant sans erreur l'indû, à moins qu'il n'y eût eu violence exercée contre lui. Telle était la base des décisions du droit romain à ce sujet. Mais que décider dans notre droit ? L'art. 1376 ne nous défend pas d'accorder la répétition, car il n'exige pas la condition de l'erreur. Aussi nous sommes portés à admettre la répétition du paiement illicite, quoiqu'il soit prouvé que le payant a connu la nullité. A quoi bon suivre les décisions de lois romaines fort peu équitables en soi, puisque rien ne nous y force ?

182. D'ailleurs nous n'admettons pas, du moins en règle générale, la fameuse maxime « *in pari causa melior est causa possidentis.* » Cette maxime, tirée de la loi 5, « *de cond. sine causa,* » comportait en droit romain une distinction fort importante entre la cause illicite et la cause honteuse ; dans le premier cas la répétition était accordée, dans le second elle était refusée (1). Cette distinction se conçoit à Rome où le droit naturel était différent du droit civil ; mais chez nous où ils se confondent nécessairement, du moins aux yeux du législateur, il nous semble impossible de l'appliquer. Tout ce qui est illicite est honteux. Dès lors, nous nous trouvons en présence des art. 1131 et 1133 : « La cause est illicite quand elle est prohibée par la loi, quand elle est contraire aux bonnes mœurs ou à l'ordre public (1133). » « L'obligation sans cause ou sur une fausse cause, *ou une illicite cause ne peut avoir aucun effet* (1131). » Or, valider un paiement, qu'est-ce autre chose si ce n'est donner effet à une obligation?

183. Au point de vue philosophique, la doctrine de la non-répétition est injuste ; en effet, de ce que deux personnes ont commis ensemble un délit, il en résulte qu'elles doivent être punies toutes deux, mais non que l'une doive s'enrichir aux dépens de l'autre ; étrange manière de réprimer un crime que de ruiner l'un des coupables pour récompenser l'autre !

184. Au point de vue pratique, n'y a-t-il pas un immense danger pour l'ordre social à assurer ainsi en quelque sorte le salaire de ceux qui contreviennent aux lois ? N'est-il pas à craindre que la perspective du gain garanti ne l'emporte dans la balance sur la crainte du Code pénal ? La société est au contraire intéressée à ce que celui qui a presté répète quoiqu'il ait connu la nullité de la dette ; autrement on encouragerait à faire des conventions illicites, car ceux qui auraient reçu en vertu de ces actes seraient sûrs de conserver. Bien plus, ils se feraient payer d'avance pour écarter toute chance dévavorable, sachant qu'ils n'auraient pas d'action.

185. C'est du reste le résultat vers lequel tend la jurisprudence, plus préoccupée du besoin de la pratique que des traditions aveugles du droit romain, qui, lui, n'admettait la condiction ou l'absence d'une loi, qu'avec réserve. Mais chez nous on a dans les art. 1376 et 1131 des principes de droit formels dont il faut suivre toutes les conséquences.

C'est ce que la Cour de cassation a très bien compris dans son fameux arrêt du 30 juillet 1844, qui décide que le supplément de prix d'un

---

(1) M. Molitor, n° 57. — M. Duvergier, Contrat de société, n° 3.

office, stipulé par contre-lettre, est soumis à la répétition. Cet arrêt est d'une très haute importance pour nous, car non seulement il repousse la maxime : « *in pari causa*, » mais encore il rejette, comme nous l'avons fait, la théorie des obligations naturelles réprouvées par la loi civile.

«...... Attendu (dit la Cour) que s'il est vrai que les traités secrets, en matière de transmission d'office, ne peuvent produire l'obligation civile, il doit être également vrai qu'*ils ne sauraient engendrer une obligation naturelle* dont la puissance serait de les soustraire à la prohibition de la loi ; que pour admettre, en effet, que le paiement volontairement fait en exécution d'une semblable obligation naturelle ne peut être répété, il faudrait nécessairement s'étayer de l'art. 1235 du Code, c'est-à-dire d'une disposition textuelle du droit civil ; mais qu'alors on serait conduit à la *choquante inconséquence de supposer que le droit civil qui prohibe le contrat se prêterait en même temps à en protéger l'exécution.....* »

Un arrêt de la cour de Caen, du 18 février 1845, est venu donner la même solution.

SECTION II.

De la preuve de l'existence de la cause.

186. Jusqu'à présent, nous avons traité de la cause au point de vue de la validité de la convention ; nous allons voir maintenant ce qui arrive quand la preuve de l'existence d'une cause licite n'apparaît pas directement dans le contrat.

L'art. 1132 porte : « *La convention n'est pas moins valable, quoique la cause n'en soit pas exprimée.* »

187. Pour bien comprendre ce texte, il faut remonter à son origine. Dans l'ancienne jurisprudence, les praticiens croyaient que si un écrit mentionnant une obligation, n'en indiquait pas la cause, l'obligation était nulle. C'était là faire une confusion entre l'écrit et l'obligation elle-même. Mais cette erreur fut, comme nous le verrons, rejetée par la jurisprudence des arrêts la plus récente, et c'est cette jurisprudence que l'art. 1132 a voulu consacrer.

188. C'est là clairement, d'après la discussion au conseil d'État, l'esprit du texte de notre article, texte d'ailleurs fort mal rédigé. Il ne s'agit pas, en effet, des cas où les parties n'auraient pas, *dans leur convention*, exprimé sa cause, car il est bien certain qu'elle est toujours entendue, convenue entre eux, exprimée *verbalement*. Le mot *exprimé* se rapporte donc uniquement au moyen de preuve qui sert à constater la convention, à *l'écrit*. L'article signifie donc que l'acte, l'écrit qui constate la convention, est valable, *alors même* qu'il ne contient pas l'énonciation de la cause.

Telle est la règle posée dans l'art. 1132, relativement du moins aux obligations civiles; car, en matière de commerce, il en est autrement pour la lettre de change et le billet à ordre (art. 110 et 188, Code de commerce).

189. Remarquons maintenant que l'acte qui constate un contrat synallagmatique exprimera toujours la cause des diverses obligations auxquelles il donne naissance; car on ne peut relater un contrat synallagmatique dans un acte qu'à la condition d'y mentionner les obligations de chacune des parties; or, chacune de ces obligations sert de cause à l'autre. Donc tout acte qui contient la preuve d'un contrat synallagmatique énonce en même temps et nécessairement la cause de chacune des obligations qui en dérivent.

190. Mais il en est autrement dans l'acte qui constate une convention unilatérale; l'obligation peut y être relatée et la cause passée sous silence. Ainsi, je remets en prêt 1,000 fr. à Paul; celui-ci s'engage à me les payer par acte authentique ou sous seing privé; il se peut que la cause de son engagement ne soit pas exprimée; — de même dans le cas de dépôt. Quelquefois, lorsque le vendeur aura exécuté son obligation, restera celle de l'acheteur, qui pourra être constatée par écrit sans que celui-ci mentionne la vente. Dans tous ces cas, la convention *n'est pas moins valable*. Que veulent dire ces derniers mots? Est-ce : *que le contrat est bon?* Non certes, car on n'a jamais douté qu'un contrat ne fût valable en cas de mauvaise rédaction de l'écrit; en général même, le contrat vaut quoiqu'on n'ait pas fait d'écrit. Donc à plus forte raison serait-il valable, quoique l'écrit fût inexact. Il s'agit donc, malgré l'incorrection du texte, de la validité du moyen de preuve, qui semble un peu confondu dans notre article avec le droit

lui-même. Mais l'intention du rédacteur n'est pas douteuse; la discussion au conseil d'État montre qu'on n'a voulu que valider un billet écrit, décider une question de preuve. Il y a donc des écrits *causés*, c'est-à-dire qui relatent l'obligation et sa cause, et des écrits *non causés*, c'est-à-dire qui constatent l'obligation sans indiquer sa cause. Ainsi, un billet est *causé* lorsqu'il est conçu en ces termes : Je reconnais devoir à Paul la somme de trois mille francs *qu'il m'a prêtée; non causé* lorsqu'il porte : Je reconnais devoir à M.... la somme de..., ou je paierai à M.... la somme de....

191. La question que soulève l'art. 1132 est donc celle-ci : l'acte qui constate une convention unilatérale est-il valable quoiqu'il n'énonce pas la cause de l'obligation; en d'autres termes, le billet ou l'écrit, quoique non causé, *peut-il faire preuve* en justice, de telle sorte que le créancier n'ait qu'à le présenter pour justifier de son droit, de sa créance? Nous admettons l'affirmative.

Deux autres systèmes ont été soutenus :

192. Un premier système adopte la négative sans distinction. Il prétend que l'écrit qui constate un engagement sans en exprimer la cause, quels que soient d'ailleurs les termes de cet écrit, ne fait en aucun cas présumer légalement l'existence d'une cause, et ne vaut jamais pour le créancier que comme un commencement de preuve par écrit. Ce système, indépendamment des autres arguments qui lui sont communs avec le suivant, invoque principalement cette considération, qu'il serait impossible au souscripteur du billet de prouver une négative indéfinie (1).

193. Dans un second système, qui compte plus de partisans, il faut distinguer, selon que le billet porte : *Je dois, je reconnais devoir*........., ou bien qu'il se sert d'autres expressions, par exemple de celles-ci : *Je paierai, je compterai, je m'oblige à payer, je promets payer*, etc..... Dans le premier cas, la cause est suffisamment exprimée et le billet fait preuve; dans le second, il en est autrement, et c'est au créancier à prouver que son billet a une cause licite.

(1) Zach., t. 2, § 345, texte et notes 5 et 6.

194. Voici les raisons que l'on donne à l'appui de ce second système :

1° Lorsque le billet porte : ***Je dois, je reconnais devoir*........**, la cause est suffisamment exprimée, car ces mots contiennent, de la part du signataire, l'aveu d'une obligation préexistante; or, l'aveu fait preuve complète en justice (1350-4°). Telle a été la pensée du législateur, ainsi qu'il résulte de la discussion au conseil d'État (1). Que si le signataire prétend que l'obligation dont il s'est déclaré tenu manque de cause, il affirme par là même que c'est ***par erreur*** qu'il s'est reconnu débiteur; qu'il prouve donc son erreur en établissant que l'obligation relatée dans l'acte n'a point de cause. Mais si le billet porte : ***Je promets payer***, etc........, il ne contient au contraire aucun aveu, le signataire ne s'est point reconnu débiteur, l'acte qu'on lui oppose ne peut donc pas faire preuve contre lui.

2° L'obligation sans cause est nulle (1108, 1131). Celui qui prétend qu'une obligation existe à son profit doit par conséquent prouver que cette obligation a une cause, car s'il ne le fait pas, il ne prouve point que le droit qu'il invoque est valable (1315).

3° Les causes d'obligation sont fort nombreuses; or, si le signataire doit prouver l'inexistence de la cause, comment le pourra-t-il? Prouve-t-il que telle cause déterminée n'existe point, par exemple qu'il n'a point reçu ***à titre de prêt*** la somme que lui réclame le porteur du billet, celui-ci lui dira : « Mais si vous n'êtes pas mon débiteur comme ***emprunteur***, peut-être l'êtes-vous à un autre titre. » C'est donc réduire le signataire à l'impossible que d'exiger de lui qu'il prouve que l'obligation dont on demande contre lui l'exécution manque de cause. En d'autres termes, l'inexistence de la cause est un fait ***négatif***, la preuve d'un fait ***négatif*** est impossible; or on ne peut pas imposer à quelqu'un l'obligation d'établir ce qui ne peut pas être prouvé (2).

4° Si le billet : ***je promets payer, je paierai***, etc., devait faire preuve en justice; si le signataire ne pouvait en paralyser l'effet qu'à la condition de prouver qu'il n'est point débiteur, rien ne serait plus facile que d'éluder la loi qui prescrit des solennités pour les actes por-

---

(1) Locré, législat., t. 12, p. 188 et 139, n° 27, et p. 325, n° 287.
(2) M. Dur. 10, n° 355.

tant donation, et de déguiser des donations faites à des incapables (1).

5° Enfin, on invoque le droit romain : il rejetait, dit-on, sur le porteur de l'acte la preuve que l'obligation avait une cause; et cette décision est d'autant plus remarquable que, dans cette législation, les donations n'étaient point, comme chez nous, assujetties à des formes authentiques (Voy. Dig., *de probat. et præsumpt.*, L. 25, § 4). Seulement, comme on le voit par cette loi même, le droit romain ne portait pas la rigueur jusqu'à déclarer nul le billet non causé. On appliquera dans notre droit la même décision ; ce sera au créancier à prouver l'existence de la cause; mais le billet lui servira de commencement de preuve par écrit, et dès lors, la preuve testimoniale étant admise, les juges pourraient même se décider par des présomptions graves, précises et concordantes (1353) (2).

195. La question, comme on le voit, est vivement discutée; elle était déjà très controversée dans notre ancienne jurisprudence : un grand nombre de praticiens même, allant plus loin que les deux opinions qui viennent d'être exposées, et que le droit romain lui-même, décidaient en principe que tout billet *non causé* était nul; mais cette doctrine n'avait pas été suivie par tout le monde : la véritable difficulté était, comme aujourd'hui, relative à la *preuve*. Plusieurs auteurs décidaient d'une manière générale que, si le billet ne mentionnait pas la cause, et que le débiteur vînt à en nier l'existence, le créancier devait la prouver; divers arrêts consacrèrent ce système (3). D'autres auteurs et d'autres arrêts adoptèrent la distinction proposée par la seconde des opinions indiquée plus haut. Si le billet portait : *Je reconnais devoir, je confesse devoir*..., il était suffisamment causé, et le créancier n'avait aucune preuve à faire ; sinon on rentrait dans le système précédent (4). Enfin, la jurisprudence la plus récente alla plus loin et tendit à sous-entendre toujours l'existence de la cause, quoiqu'elle ne fût pas exprimée, en sorte que c'était au débiteur à faire la preuve contraire (5).

---

(1) M. Dur. 10, n° 355.

(2) Sic, Delv., t. 2, p. 128, et p. 472, notes 5, 6 et 7. — Dall., oblig., ch. 2, sect. 4, art. 1, n° 9. — M. Dur., loc. cit.

(3) Arrêt du parlement de Paris, 16 mai 1650, et de Flandre, 19 mars 1671.

(4) Charondas sur l'art. 107 de la cout. de Paris.

(5) Arrêt du parlement de Paris, 16 mai 1644, 27 janvier 1689 et 5 mai 1754. Arrêt du parlement de Toulouse, 1er avril 1737.

196. Ce dernier système, qui est tout l'opposé du premier que nous avons indiqué, et qui rejette même la distinction proposée par le second, est celui que nous paraît consacrer formellement l'article 1132 du Code civil. Nous n'hésitons donc pas à dire que le créancier, même dans le cas où le billet est ainsi conçu : *je paierai*, etc........, n'a rien à prouver, que la loi déclare son titre *valable* dans l'art. 1132, et que ce titre étant valable, doit faire preuve en justice de ce qu'il contient; or, que contient-il ? *La promesse de payer telle somme*. Ces termes de l'acte sont amphibologiques, dit-on ? Le signataire a-t-il entendu faire indirectement une libéralité, ou bien reconnaître une obligation préexistante à la date de l'acte ? Il n'y a pas d'autre interprétation possible ; mais laquelle des deux doit être admise ? La seconde évidemment, et pour deux raisons décisives :

1° Les libéralités ne se présument point ; donc on ne doit point supposer que le signataire de l'acte a entendu faire une libéralité.

2° Ce serait d'ailleurs aboutir à une nullité que de supposer qu'il a voulu, en signant cet acte, s'obliger à titre gratuit ; car les libéralités ne sont valables et obligatoires qu'autant qu'elles sont faites par un acte notarié (931) ; or, aux termes de l'art. 1157, lorsqu'un acte est susceptible d'être interprété de diverses manières, la loi veut qu'on l'entende plutôt dans le sens avec lequel il peut produire quelque effet, que dans le sens avec lequel il n'en peut produire aucun.

Si le signataire n'a pas voulu déguiser une libéralité, évidemment il a entendu se reconnaître débiteur d'une obligation antérieure ; il n'y a pas d'autre sens possible ; donc le billet conçu en ces termes : je paierai, je promets payer, doit être entendu en ce sens : je paierai, je promets payer *la somme que je dois* à M... ; donc ce billet, comme celui qui porte : *je reconnais devoir*, contient, de la part du signataire, *l'aveu d'une dette*. Cet aveu a pu, sans doute, être fait par erreur, extorqué par dol, ou obtenu par violence ; mais l'erreur, le dol et la violence ne se présument pas ! Tant que le signataire n'établit point l'existence de l'un de ces faits, *l'aveu* qu'il a fait en signant l'acte qu'on lui oppose, conserve toute sa force.

197. On objecte contre ce système toutes les raisons que nous avons rapportées à l'appui du second système ; nous allons donc y

répondre numéro par numéro, et nos réponses serviront à motiver notre décision.

1° Nous venons de montrer que le billet : *je paierai, je promets payer*..., contient, sinon un aveu *formel*, au moins un aveu *tacite* de l'existence d'une dette valable préexistante à la rédaction de l'acte. Dire, en effet, qu'on paiera telle somme à quelqu'un, n'est-ce pas mentalement et implicitement dire qu'on la paiera parce qu'on en est débiteur? Il n'y a donc, en réalité, aucune différence entre le billet : *je reconnais devoir*, et le billet : *je paierai*, sauf que le premier contient un aveu *exprès*, tandis que dans le second l'aveu est *tacite*. Une personne raisonnable ne fait pas un billet sans convenir par là qu'il y avait une obligation préexistante la constituant débitrice; quand on prend la plume, l'obligation est déjà convenue; on ne veut pas faire résulter l'obligation de l'écriture, on veut donner un titre d'une obligation, une preuve par écrit. L'art. 1132 n'est-il pas d'ailleurs conçu en termes généraux et qui excluent toute distinction relative à la manière dont s'exprime le billet?

2° L'obligation sans cause est nulle, dit-on, et le créancier doit prouver la cause comme élément essentiel. Notre réponse est bien simple. Le créancier qui présente un billet signé de celui qu'il poursuit, fait preuve d'une obligation *valable*, puisque cet écrit contient, de la part du signataire, l'*aveu de la dette*. Sa preuve est faite et ne peut être détruite que par la preuve contraire apportée par le débiteur. Il faudrait, dans ce système, aller jusqu'à dire que le créancier doit prouver tous les autres éléments essentiels dont parle l'art. 1108, et qu'il plairait au débiteur de nier, par exemple, la capacité de celui-ci, l'*absence* de violence, d'erreur ou de dol, etc..., ce qui serait absurde.

3° L'objection tirée de la difficulté d'établir la preuve d'un fait négatif repose sur un principe faux. La preuve d'un fait *négatif* n'est souvent, en effet, ni plus ni moins difficile que la preuve d'un fait *affirmatif*. Elle peut se transformer en l'affirmation d'un fait positif. Ainsi, lorsque je prétends que l'obligation dont j'ai reconnu l'existence est nulle, faute de cause, j'affirme par là même que c'est par erreur, dol, violence ou folie que j'ai fait cet aveu; or, l'erreur, le dol, la violence ou la folie sont des faits positifs qui tombent parfaitement en preuve; ou bien je prétends que la cause était illicite, et c'est là un fait positif que je puis démontrer.

Ce système est confirmé par la loi elle-même: lorsqu'une personne répète une somme qu'elle prétend avoir payée par erreur, elle ne peut réussir dans sa demande qu'à la condition d'établir *qu'elle ne devait point la somme* qu'elle répète, et que c'est par erreur qu'elle l'a payée (1377); or, s'il est vrai, et personne ne le conteste, que le demandeur en répétition doit prouver *qu'il n'était point débiteur* de la somme qu'il a payée, n'est-il pas évident qu'il doit en être de même à l'égard du défendeur, qui prétend que la dette dont il a fait l'aveu *n'existe point?* Les deux espèces sont absolument identiques: dans l'un et l'autre cas la question soulevée est, en effet, celle de savoir si telle dette, dont l'existence a été reconnue, et qui maintenant est niée, existe ou non. Quelle différence y a-t-il à prouver qu'on ne devait pas quand il s'agit de répéter, ou quand il s'agit de ne pas payer? D'ailleurs cette objection pourrait être également faite au second système, comme le remarque fort bien l'auteur du premier, qui, en rapportant qu'on admet généralement que la cause du billet est suffisamment justifiée par les mots: *je dois*, ou *je reconnais devoir*, ajoute: « Cette manière de voir nous paraît elle-même difficile à justifier, puisqu'elle conduit à imposer au souscripteur du billet l'obligation de prouver une négative indéfinie (1). »

4° Quant au danger que présenterait notre système de donner un moyen d'éluder la loi relative aux solennités requises pour les actes portant donation, si cette objection était fondée, il faudrait alors aller jusqu'à dire que le billet *je reconnais devoir* n'a aucune force probante; car, on le conçoit, il est tout aussi facile de déguiser une libéralité sous la forme du billet: *je reconnais devoir.....* que sous celle du billet: *je promets payer*; la différence de rédaction ne sera pas bien grande.

5° Enfin, quant à la loi romaine invoquée par les partisans du second système, nous répondrons que nous ne devons pas aller chercher notre décision dans le droit romain, si nous avons établi que

---

(1) Zach., t. 2, § 345, notes 5 et 6.

celle que nous présentons est conforme à la loi, à l'ancienne jurisprudence et au bon sens.

198. Concluons donc que notre système est le bon, et qu'il n'est d'ailleurs qu'une conséquence nécessaire de la règle générale d'interprétation des conventions posée par l'art. 1157, dont l'art. 1132 n'est qu'une application (1).

199. Lorsque le billet est causé et que le débiteur prouve la fausseté de la cause énoncée, l'obligation n'est pas nécessairement nulle; tout ce qu'on peut dire, c'est qu'elle n'a pas la cause indiquée dans l'acte; mais il n'est pas établi qu'elle n'en ait aucune. Dans cette hypothèse c'est au créancier à prouver l'existence d'une cause réelle, car, par cela même que celle qui avait été énoncée au contrat a été reconnue fausse, il y a présomption légale que l'obligation est sans cause (2).

200. Le signataire d'un billet non causé peut exiger que le créancier dise quelle est, selon lui, la cause de l'obligation; et s'il prouve que la cause indiquée est fausse, c'est alors au créancier à prouver l'existence d'une autre cause. Toutefois, le signataire serait privé de cette ressource s'il était poursuivi, non pas par le créancier originaire, mais par son héritier; celui-ci peut, en effet, légitimement dire: vous êtes débiteur du défunt; voilà un titre signé de vous qui en fait foi; quant à la cause de votre obligation, je ne puis l'indiquer.

---

(1) Sic, Merlin, Quest. de droit, Cause des oblig., § 1.— Toull., t. 6, n° 175.—Marbeau, Traité des transactions, n° 158.—MM. Déjaër, Revue étrangère et française, t. 8, p. 929.— Bonnier, Traité des preuves, n°s 557 et 558. — Marcadé, sur l'art. 1315, n° 4.

(2) Mourlon, p. 489, 2e ex.

POSITIONS.

DROIT ROMAIN.

I. La *condictio ob pœnitentiam* n'avait lieu que dans les contrats innomés, commençant par un *dare*, qui se rattachaient à l'idée de mandat, et non dans les contrats véritablement intéressés de part et d'autre.

II. La translation de propriété, en droit romain, n'a pas besoin de reposer sur une cause.

III. Il y a contradiction entre la loi **18**, **D.**, *de rebus creditis*, et la loi **36**, **D. 41-1**, *de acq. rer. dom.*

L'opinion de Julien est plus conforme aux principes du droit romain.

IV. Il n'y a pas de contradiction entre la loi **24**, **D. 13-7**, et la loi **46**, **D. 46-3**.

V. Le possesseur qui a construit sur le sol d'autrui, et qui a restitué l'immeuble au propriétaire, n'a pas d'action pour se faire indemniser de ses dépenses.

VI. On peut concilier la loi **10**, **D.**, *caus. dat. caus. non sec.* avec la loi **43**, **D.**, *de jure dot.*

VII. On peut concilier la loi 4, Ulp., *ob turp. caus.* avec la loi **7**, **§ 1**, **D.**, *h. tit.*

VIII. Il y a en droit romain deux sortes d'obligations naturelles.

IX. Le pupille *non enrichi* est obligé naturellement.

DROIT FRANÇAIS.

I. La translation de propriété ne peut s'opérer sans cause.

II. L'acte extinctif d'obligation est nul s'il n'a pas de cause.

III. La gratitude peut produire une obligation naturelle, de nature à servir de cause à une obligation civile.

IV. Il ne peut être question de fausse cause ou de cause illicite dans les contrats de bienfaisance.

V. La vente de la chose d'autrui est nulle *faute de cause.*

VI. L'action en nullité de l'art. 1131 est perpétuelle.

VII. Elle ne peut être couverte par la ratification.

VIII. Le paiement d'une dette nulle pour cause illicite ne peut être maintenu sous prétexte d'acquittement d'obligation naturelle.

IX. On peut faire remise de la créance de la restitution d'une somme payée pour une cause illicite.

X. Le billet *non causé* fait preuve de la dette en justice, c'est-à-dire que c'est à celui qui l'a souscrit à prouver qu'il n'a pas de cause.

XI. La dette du failli concordataire est une dette civile.

DROIT CRIMINEL.

I. L'art. 55 du Code pénal ne contient pas un cas de solidarité parfaite.

II. L'ivresse occasionnelle peut faire cesser l'imputabilité d'un crime.

DROIT DES GENS.

I. Le mariage contracté entre français ou entre français et étranger, par devant un officier public étranger, doit être précédé en France des publications requises, sous peine de nullité absolue.

II. La question de savoir si une convention a une cause illicite, doit se juger par la loi du lieu où la convention s'exécute, et non par la loi du lieu où le procès s'élève.

III. Un ministre étranger qui trouble l'ordre public dans le pays où il est, ne doit pas être saisi et livré aux tribunaux de ce pays, mais il est justiciable de ces tribunaux dans les procès civils.

HISTOIRE DU DROIT.

I. Quel est le caractère du livre appelé Etablissements de Saint-Louis? — Ce n'est qu'un coutumier d'un praticien anonyme qui écrivit vraisemblablement au point de vue des usages de l'Anjou.

II. Coup d'œil historique sur la réintégrande? — Elle n'a jamais cessé d'exister dans notre droit.

Vu par le Président de la thèse,
PERREYVE.

Vu par le Doyen,
C.-A PELLAT.

Permis d'imprimer :
Le Recteur de l'Académie,
CAYX.

www.ingramcontent.com/pod-product-compliance
Ingram Content Group UK Ltd.
Pitfield, Milton Keynes, MK11 3LW, UK
UKHW021209220726
13924UKWH00003B/1418